유튜버의 수익화 15가지 방법

유튜브 밥벌이 보고서

이종석 저

DIGITAL BOOKS
디지털북스

| 만든 사람들 |

기획 IT · CG 기획부 | **진행** 양종엽 · 장우성 | **집필** 이종석 | **삽화** 장우성
표지 디자인 원은영 · D.J.I books design studio | **편집 디자인** 이기숙 · 디자인 숲

| 책 내용 문의 |

도서 내용에 대해 궁금한 사항이 있으시면
저자의 홈페이지나 디지털북스 홈페이지의 게시판을 통해서 해결하실 수 있습니다.

디지털북스 홈페이지 digitalbooks.co.kr
디지털북스 페이스북 facebook.com/ithinkbook
디지털북스 인스타그램 instagram.com/digitalbooks1999
디지털북스 유튜브 유튜브에서 [디지털북스] 검색
디지털북스 이메일 djibooks@naver.com
저자 이메일 forutube@naver.com

| 각종 문의 |

영업관련 dji_digitalbooks@naver.com
기획관련 djibooks@naver.com
전화번호 (02) 447-3157~8

유튜브의 수익화 15가지 방법

유튜브 밥벌이 보고서

2014년경 직장 생활을 하면서 제품소개 영상 콘텐츠를 만들게 되었고, 유튜브 채널을 시작하게 되었다. 모든 유튜버가 그러하듯 누구보다 열심히 콘텐츠를 만들고, 누구나 원하듯 채널의 급격한 성장을 염원했다. 때론 기뻐하며 때론 죽을 만큼 괴로운 날들의 연속이었다. 그 와중에 좋은 기회가 닿아 매일 치열하게 겪은 영상 콘텐츠의 성공과 실패 이력을 기반으로 강의, 강연, 교육을 병행했고, 컨설팅도 진행하게 되었다. 그리고 올해 드디어 서적을 출간하기까지에 이르렀다.

강의를 해보니 유튜버의 고충이 느껴져서. 교육과 컨설팅을 해보니 그들의 애환이 느껴져서. 수많은 유튜버에게 나의 경험으로 얻어진 지식과 전략, 노하우를 알려주고 이들에게 진정한 도움을 주고 싶어서. 나아가 건강한 유튜브 생태계를 만들고자 등. 사실 이러한 여러 명분은 멋지게 포장하기 좋은, 나에게 있어서는 매우 부차적인 이유들이다.

이 책을 쓰게 된 이유는 간단하고 명료하다. 유튜브를 활용해 돈을 벌고 싶다는 개인적 욕구 때문이다. 본 책에서 말하는 15가지 유튜버의 수익모델 중 하나를 저자 스스로가 적용하고 있는 모습을 보여주기 위함도 있다.

유튜브를 시작할 때 내가 PD 역할로 영상을 구성 기획하고, 출연자가 되어 영상에 나오고, 촬영, 편집도 해서 멋진 영상을 만든다. 모든 것이 새롭고 신기할 따름이다. 이 루틴이 잡혀갈 즈음엔 적은 양이지만 구독자가 쓴 댓글에 답하며 불특정 다수와 진정한 소통을 하는 기쁨에 취한다. 교육을 통해 역량을 향상하고, 지인의 조언을 수용하며 적용해보고 매일 성공과 실패를 맛보며 채널을 운영한다. 매일 유튜브라는 디지털 공간에서 희로애락을 경험하며 내 인생의 전부인 양 모든 걸 쏟아붓는다.

퇴사하며 받은 퇴직금과 가용 최대치 계좌 잔고가 바닥을 드러낼 때 즈음에는 기로에 선다. 계속 이어가야 하나? 접어야 하나? 한 치 앞도 안 보이는 상황 속에 머릿속을 가득 메운 단 하나의 분명한 생각은 '퇴사해가면서까지 이 판에 뛰어들었으니, 어떻게든 유튜브를 활용해 돈을 벌자.'였다. 궁지에 몰리다 보니 들 수밖에 없는 생각이었고, 누구보다 절박하게 수익방안을 찾아 헤매고 연구하고 실행했다. 나에게 더 이상의 선택지가 없었기 때문이다.

유튜브 운영의 주요 원동력은 시청자의 조회 수와 구독자와의 소통이 아닌, 수익 창출이다. 자금이 있어야 채널을 운영할 수 있고, 수익이 있어야 채널을 유지할 수 있다. 최소한의 경제적 여건이 뒷받침돼야 영상을 제작할, 구독자와 소통할, 여유와 이유가 생기는 것이다.

이 책을 서점에서 훑어보고 있거나, 구매해서 읽고 있는 유튜버 중에는 머지 않아 매우 힘든 상황이 예상되거나, 또는 직면했거나, 자포자기 심정으로 유튜브를 접기 전 상황에까지 놓인 유튜버가 있을 것이다. 그간의 피나는 노력이 아깝다면, 또다시 회피하며 도망가지 않을 거라면, 이 책을 정독하여 치밀하게 준비하고 민첩하게 실행하기를 권한다. 그리고 예전 내 모습이 투영되는 여러분께 온 마음을 다해 응원한다는 말을 전한다.

CONTENTS

유튜브에서 돈 들어왔다!

퇴사해야지~

PART. 01

마인드셋 · 에티튜드 · 아이덴티티

유튜버 비즈니스
수익화 개요

INDEX.

01 유튜버 수익화 마인드셋

남녀노소 모두가 유튜브로 콘텐츠를 소비하고, 누군가는 유튜버가 되어 전업 또는 부업, 취미로 유튜브 채널을 운영한다. '누군가'보다 '누구나'라는 표현이 더 적합할 만큼 우리 주변에도 유튜버로 활동하는 사람들을 어렵지 않게 찾아볼 수 있는 시대에 살고 있다.

영상 콘텐츠가 몇 개 올라가 있는 스타트 채널이거나, 꽤 규모가 큰 채널을 운영하는 유튜버가 있을 것이다. 또는 유튜브를 시작하고 싶지만, 아직 구체적인 계획이 없어서 고민만 하는 사람들도 있을 것이다.

유튜브를 시작한 사람들은 영상 콘텐츠 제작을 위해 촬영 장비를 사고, 어도비 프리미어와 같은 편집 프로그램을 구비하고, 촬영배경이 되는 곳을 멋지게 꾸미곤 한다. 그리고 기획, 촬영, 편집, 발행 등 적지 않은 노동으로 물적 리소스와 인적 리소스를 투자하고 있다. 이렇게 정성스럽게 만들어진 영상을 올려서 조회 수를 늘리고, 구독자를 확보해야만 하는 압박감도 느끼고 있다. 즉, 소중한 시간과 많은 자본, 정신노동까지 모두 유튜브에 쏟고 있다.

그렇다면 과연 투자한 시간, 돈, 노력만큼 '원하는 수익'을 얻고 있을까?

이렇게 많은 것들을 투자하는 궁극적인 목적은 바로 수익창출을 바라기 때문일 것이다. 몇몇 사람들은 단순히 취미 차원에서, 왠지 재밌을 것 같아서, 혹은 사람들과 소통하기 위해서 유튜브를 한다고 말한다. 이러한 부류의 사람들은 '수익은 중요하지 않다'라고 말하지만, 완전한 경제적 자유를 얻은 환경 속에서 유튜브를 운영하는 사람들은 극소수에 불과하다. 보통의 일반적인 유튜버는 유튜브 채널 운영을 지속하기 위해 적든 많든 수익이 나기를 바란다. 아마 유튜브 시작을 고민하는 사람들은 희망, 설렘과 동시에 마음 한구석에는 '내가 유튜브로 돈을 벌 수 있을까?'라는 두려움도 있을 것이다.

유튜브 채널 성장에 필요한 여러 요소 중 하나는 '지속성'이다. 수익이 발생하기 전까지 버텨가며 콘텐츠를 꾸준히 제작하기 위해서 지속성은 유튜버가 갖춰야 할 필수요소이자 지침이다. 지속성을 위해 콘텐츠 제작에 들어가는 고정지출을 줄이고 기획, 촬영, 편집하는 시간도 효율성 높게 줄여야 한다.

'돈은 못 벌어도 돈을 허투루 쓰지 말자'라는 기조하에, 콘텐츠 제작에 필요한 지출을 최소화하고 잔뜩 들어간 힘을 빼서 꾸준히 지속성 있게 유튜브를 운영한다면 조회수 상승과 구독자 확보를 통해 유튜브 조회 수 수익을 올리게 될 것이다.

이렇게 생산성과 지속성을 유지해도 채널이 만족할 만큼 성장하지 않는 사례가 열에 아홉인 것이 다소 가혹한 현실이다. 다수의 유튜버가 중도에 포기하고 그나마 효율 있게 채널을 운영하는 유튜버들도 조금 더 활동을 연장하는 식으로 연명하고 있다. 그만큼 유튜버와 콘텐츠의 선택지가 무한대이고, 처절할 정도로 치열한 경쟁을 하는 곳이 바로 유튜브 플랫폼이다. 더는 새로운 콘텐츠가 없을 만큼 레드오션화가 되어 가는 유튜브 생태계에서 우리는 어떻게 해야 수익을 올리며 살아남을 수 있을까?

  단순히 유명 유튜버의 성공 후기 영상을 볼 것인가? 유튜브 알고리즘 공략법을 연구할 것인가? 혹은 조회 수와 구독자를 소위 '떡상'시켜주는 유튜브 교육 클래스를 수강할 것인가? 물론 채널 성장에 좋은 영향을 줄 수 있지만, 개개인 모두를 성공시켜주지 않는다. 유튜브는 '정답'이 없는 문제풀이다. 그것도 시험지가 개인별로 모두 다른 문제들이다. 언뜻 보기에는 같은 주제와 소재, 형식으로 된 영상처럼 보이므로, 유사 채널 유튜버의 운영 노하우, 꿀팁, 지침 등을 학습하면 될 것 같지만 '내가 올리면 왜 이렇게 안 볼까?'라며 매우 빠르게 실패를 맛보고 패배를 반복하는 것이 일반적이다.

  왜 이런 건지 곰곰이 생각해보면 답을 쉽게 찾을 수 있다. '사람 생김새가 다 달라서' 한마디로 답할 수 있다. 유튜버의 생김새, 차림 등 기본적인 매력도가 다르고, 목소리, 톤, 뉘앙스 등 전달력, 호소력, 주목도가 다르다. 이뿐만이 아니다. 촬영 장비, 편집 기법에 따른 영상 품질, 기획력에 따른 영상 구성, 스토리텔링 등 셀 수 없이 수많은 요소가 성공을 보장하는 그들과 철저히 다름을 말해준다.

　유튜브 채널의 성장과 성공적인 운영을 위해서는 다른 사람들의 수많은 실패, 성공담, 스토리, 비법 등을 가볍게 습득하고, 본인의 채널 주제, 소재, 형식, 콘셉트 등에 맞춰 끊임없이 시도, 적용, 테스트, 디벨롭 하며 본인만의 '해답'을 찾아가면서 문제를 풀어야 한다. 그러기 위해서 우선, 유튜브 지속을 위한 수익화에 진지한 고민을 시작해야 한다. 그리고 본격적으로 유튜브 비즈니스를 하기 위해서 현재 유튜브 채널을 어떻게 변화시킬지에 대한 성찰도 필요하다. 이러한 전략설정 없이 마냥 '존버'하는 유튜버의 결말을 우리의 예상대로 소리 소문 없이 채널을 접는 것이다.

　유튜브로 돈을 버는 방법은 생각보다 많다. 본 책에서는 유튜브 조회 수에 의한 수익만을 제시하지 않는다. 조회 수 수익을 포함하여 15가지의 수익화 방안을 제시하며, 우리의 시야를 넓히는 것이 목적이다. 이를 적용할 수 있는 채널 카테고리 사례를 알려주고 비즈니스를 위한 기본자료 준비법을 알려준다. 그리고 초보 채널부터 수천 명의 구독자를 보유한 채널이 콘텐츠 제작지원을 받는 방법을 알려주고, 어느 정도 성장한 채널이 직접 광고주와 유튜브 비즈니스를 할 수 있는 실전 프로세스와 전략을 알려준다. 유튜버의 다양한 수익화 방안을 통해 유튜브 비즈니스에 대한 목적, 목표, 전략을 설정한다면 조회 수와 구독자에 대한 압박에서 자유로워질 수 있고, 유튜브 활동을 지속할 수 있는 수익을 올리게 될 것이다.

이번 챕터를 통해 우리 스스로가 유튜브에 대한 자아 성찰의 시간을 가졌으면 한다. 정확하게 정립하고 가야 하는 대전제는 '유튜버는 콘텐츠를 파는 상인'이라는 것이다. 유튜브는 곧 비즈니스이다. 월간 이용자 수가 28억 명에 달하며 하루에 수십, 수백억의 비즈니스 광고가 노출되는 세계 최대의 온라인 광고판이기도 하다. 우리는 콘텐츠를 공급하는 유튜버로서 내 '작품'을 보여주는 것이 아닌 내 '상품'을 진열하고 판매한다는 마인드로 유튜브와 콘텐츠를 바라봐야한다. 우리의 상품을 찾는 이들이 많아지면 유튜브에서 고맙다고 광고수익을 쉐어해주고, 이러한 인기상품들을 보유한 상점에 더욱 많은 사람이 찾게 되면서 유튜브 생태계를 기반으로 한 비즈니스는 비약적으로 확장되고 성장할 수 있다. 즉 철저한 비즈니스 마인드로 유튜브 활동을 시작해야 한다.

일반적으로 우리는 유튜브라는 광활한 시장에 가게를 차리고 판매할 상품들을 진열한 뒤 파리 날리는 상점 한구석에 앉아서 손님들이 오기를 기다린다. 그리고 그들이 알아서 사주기를 바란다. 변해야 한다. 적극적으로 우리 가게에 와달라고 소리 내어 외쳐야 한다. 사람들이 조금씩 모여들면 더욱 좋은 상품을 가져와서 판매해야 한다. 여기서 그치지 않고 이 상점에서 판매를 희망하는 도매업자들과 언제든 상담할 수 있도록 준비하고, 사람이 붐비는 상점 한켠에 간접홍보 차원으로 작은 현수막을 걸려는 타업종 사람들과의 비즈니스도 환영해야 한다. 시장에서 물건을 판매하는 일과 유튜브에서 콘텐츠를 판매하는 일은 절대 다르지 않다.

무엇보다 본 책을 통한 지식의 습득보다 더 중요한 것은 바로 실행이다. 과감하게 도전하고 하더라도 시청자와 구독자의 큰 변화는 당장에 없을 것이다. 만약 있다 해도 개의치 말고 실행해나가자. 가장 최악은 우려하고 걱정하는 마음에 아무것도 실행하지 않는 것이다. 예비 유튜버, 초보 유튜버, 모든 유튜버의 수익화, 유튜브 비즈니스를 응원한다.

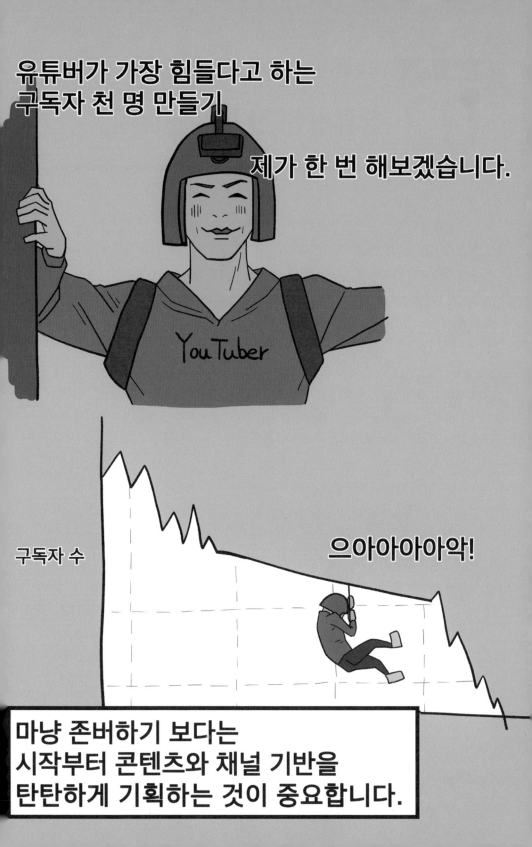

유튜버 비즈니스 에티튜드

유튜브 비즈니스를 위한 유튜버의 자세

앞서 유튜브 채널 운영을 지속하기 위한 전략의 중요성과 기본적인 마인드셋에 대해 알아보았다. 그러면 본격적으로 유튜버 비즈니스 수익화에 대해 유튜버는 구체적으로 어떤 마음가짐과 자세로 임하고 준비할지에 대해 알아보자.

첫 번째, 유튜브를 하는 목적이 설정되어야 함.

내가 왜 유튜브를 하는지? 취미인지 소통인지, 단순히 유명해지고 싶어서인지? 목적이 단순 취미라면 기획해서 촬영하고 힘들게 편집한 영상을 유튜브가 아닌 내 PC에 저장해두고 나만 흐뭇하게 시청하며 즐기면 된다. 많은 사람이 콘텐츠를 소비해줘야 지속할 수 있는 유튜버의 길을 굳이 가지 않아도 된다는 것이다.

유튜브의 목적이 사람들과 소통하는 것이고, 딱히 수익이 필요하지 않은 경우라면, 본인이 물적, 인적, 시간적 비용을 마음껏 써가며 채널을 운영하면 된다. 수익창출 조건에 부합하는 구독자 1천 명과 시청시간 4천 시간이 넘어가도, 구글 애드센스 유튜브 파트너 신청을 하지 않으면 된다. 유튜브를 통해 특별한 수익은 필요 없고 그저 사람들과 소통하겠다는 소기의 목적만 달성하면 된다.

과연 이런 사람이 얼마나 있을까? 단언컨대 없다고 생각한다. 차라리 레전드 축구 선수 안정환 채널처럼 콘텐츠 제작에 필요한 인건비, 운영비를 제외한 모든 금액을 100% 기부하는 것이 더 본인에게 건강하고 사회에 이롭지 않을까 생각한다.

　조회 수가 높아지고 구독자가 늘어나면서 조금씩 유명세를 치르게 되면 누구나 수익에 대한 욕심이 생기게 마련이다. 이 정도 조회 수의 광고수익이라면 월 수십만 원에서 수백만 원일 텐데 과연 이걸 마다할 사람이 있을까?

　또한, 유튜버의 제작 작업 강도는 상상 이상으로 높은 편이다. 편집만 최소 5시간이상 하는 유튜버도 꽤 많다. 이렇게 채널이 성장하게 되면 누구나 내가 고생했던 시간과 노력에 따른 보상심리로 수익에 대한 생각이 들 수밖에 없다. 이는 누구도 부정할 수 없는 너무나도 정당하고 자연스러운 심리다.

　우리는 비즈니스를 목적으로 유튜브를 해야 한다. 비즈니스를 목적으로 유튜브를하게 되면 수익화를 위한 노력과 스트레스가 존재할 뿐, 유명 유튜버가 되기 위함과채널 성장에 대한 피로도와 압박으로부터 다소 자유로워질 수 있다. 수익에 주안점을 두면 채널 운영에 상대적으로 힘을 덜 쓰게 되고 부담감 없이 편하게 콘텐츠를 제작할 수 있게 된다. 반드시 힘을 들여야 콘텐츠가 성공한다는 법칙은 유튜브 생태계에 존재하지 않는다. 힘을 빼고 가볍게 콘텐츠를 선보이면 보는 시청자들도 부담 없이 편하게 콘텐츠를 소비할 수 있게 된다. 점차 수익도 안정화되고 이에 따라 채널도조금씩 성장해나간다면, 소기의 목적이었던 사람들과의 소통도 자연스럽게 따라오게될 것이다.

두 번째, 유튜브 목적에 따른 명확한 목표가 설정되어야 함.

비즈니스를 목적으로 유튜브를 하는 만큼의 명확한 목표를 설정해야 한다, 내가 유튜브를 통해 창업하겠다, 가게를 차리겠다, 마케팅 수단으로 활용해서 내 사업 아이템을 홍보하겠다. 기업의 제품과 서비스에 대한 홍보 영상을 월 2편씩 제작해서 연간 수익 3천만 원을 달성하겠다 식의 명확한 목표가 있어야 한다.

물론 결코 쉬운 일은 아니다. 뜻대로 되면 누구나 유튜버하고, 누구나 사업하지 않을까? 전공도 아니고 배운 적도 없는 동영상을 제작하고 유튜브에 올려서 구독자를 2년 안에 10만 명으로 만들겠다는 다소 이상적인 목표보다는, 미리 세워둔 비즈니스 목표를 달성하는 것이 좀 더 현실적이고 수월할 수 있다고 생각한다.

다수의 유튜버가 어느 정도 구독자가 확보되었으니 본격적으로 돈 좀 벌어볼까? 하는 생각으로 수익화 전환을 모색하곤 하지만, 실패를 맛보는 유튜버가 꽤 많다. 유료 콘텐츠에 대한 시청자들의 저항이 우려되고, 상업적 콘텐츠를 제작하는 유튜버 본인의 순수 콘텐츠와 상업 콘텐츠 간의 괴리도 분명 존재한다. 또한 이미 조회 수와 구독자 확보에만 치중되어 있어서 조회 수 수익만 중요했던 유튜버의 마인드, 루틴, 패턴을 하루아침에 확장하는 것은 결코 쉬운 일이 아니기도 하다. 그리고 내 채널에서 비즈니스를 시작한다는 것이 엄청난 도전이라는 어리석은 생각을 하기도 한다.

채널이 성장하면 알아서 광고주들이 오퍼를 던지고, 인터뷰 요청이 오고, 협찬 섭외가 마구 들어올 것이라는 큰 착각을 한다. 물론 그러한 유튜버의 사례가 있긴 하지만, 대부분 채널이 성장할수록 '드라마틱'한 변화가 없는 것이 현실이다. 또한, 오퍼, 섭외가 들어왔을 때 애초에 목표와 전략을 세우지 않았고, 비즈니스 방법 자체를 모르기 때문에 원활한 비즈니스 활동에 큰 제약을 받으며 조회 수 수익 외의 비즈니스를 포기하거나 기회를 날려버리기도 한다.

　유튜브 목적에 따른 목표는 반드시 설정해야 한다. 유명 유튜버 자체가 목적인 채널은 조회 수, 구독자 확보에만 혈안이 되어있어 다른 수익화 방안을 생각해볼 여력조차 없는 반면, 분명한 비즈니스 목적과 목표를 설정한 유튜버는 그 목표를 달성하기 위해 저들보다 훨씬 여유 있게 수익화에 대한 노력과 공을 들일 수 있다. 이것이 비즈니스 목표를 달성하는 일이 채널 성장 목표를 달성하는 것보다 더 수월하다고 말하는 이유이다.

　세 번째, 유튜브 채널 카테고리의 산업에서 활발한 네트워킹과 홍보를 해야 함.

　채널의 주제는 유튜브 카테고리이자 어느 한 산업의 분야이다. 해당 주제의 산업 영역에서 유튜브 채널을 간판으로 하여 활발한 네트워킹과 홍보를 해야 한다. 크고 작은 비즈니스 교류회, 전시회, 박람회, 세미나, 포럼 등에 참여하고 해당 산업군의 다양한 사람들과 교류하는 것은 너무나 당연한 필수 활동이다. 우리가 만약 패션 유튜버라면, 해당 커뮤니티에는 브랜드 회사 광고주가 있고, 디자이너, 도매상, 블로거, 마케터도 있을 것이다. 이 커뮤니티에서 취해야 할 중요한 자세는 겸손과 경청 그리고 열린 비즈니스 마인드이다. 일부 유튜버는 영상을 제작하고 유튜브 채널을 운영하는 것만이 매우 가치 있고 특별하다고 생각하면서 다소 교만한 자세를 취하기도 한다. 유튜버는 절대 특별하지 않으며 해당 산업을 구성하는 하나의 직군, 하나의 유닛에 불과하다는 것을 명심하자. 겸손하게 경청하면서 본인을 홍보할 타이밍에는 자신 있고 당당하게 어필해야 한다.

네 번째, 다양한 플랫폼과 정보 탭 활용으로 비즈니스 의지를 적극적으로 표현해야 함.

유튜버는 유튜브 외 다른 플랫폼에 내 콘텐츠를 최대한 많이 노출해가면서 퍼스널 브랜딩을 해야 한다. 다른 플랫폼은 인스타그램, 페이스북, 트위치, 블로그, 틱톡 등 다양하다.

그리고 각 플랫폼의 채널 소개 또는 유튜브 채널의 정보 탭에 비즈니스에 대한 협업 의지를 적극적으로 표현해야 한다. 정보 탭에 무슨 말인지 해석이 어려운 영어 문장을 넣는다든지, 손발 오그라드는 명언을 한 줄 넣는다든지, 아무 내용도 기재하지

않는 식의 채널들을 접하곤 한다. 시청자와 구독자는 수많은 콘텐츠 중 하나를 선택해서 소비하고 다른 콘텐츠가 궁금하다면 연관되는 영상을 이어서 소비한다. 영상을 보는 도중 구독을 누를 수 있고, 두어 개 영상을 훑어본 뒤 채널 전반을 둘러보다가 채널을 구독하기도 한다. 채널을 둘러볼 때 동영상 탭에 어떠한 영상들이 포진되어 있고 다음 영상을 기대해볼 만한 채널인지 등을 확인한 뒤 구독한다. 시청자들은 채널의 정보 탭까지 둘러볼 시간적 여유가 되지 않는다는 것이다. 유독 바쁜 사람들만이 유튜브를 본다는 의미가 아닌, 시간이 남아돌아도 정보 탭의 내용까지 굳이 확인할 필요를 못 느끼고, 그 시간에 다른 영상을 찾아보고 소비하기 바빠서이다.

하지만 해당 산업의 기업 광고주, 광고대행사, 마케터 등은 일반 시청자들과는 다르다. 유튜브 채널의 정보 탭까지 확인한다. 콘텐츠를 통해 해당 채널에 대한 흥미를 느끼고, 동영상 탭을 통해 채널 전반의 아이덴티티와 콘셉트, 인게이지먼트 등을 확인한다. 그리고 이 채널을 협업 대상 후보군으로 올리는 마지막 단계가 바로 정보 탭 확인인 것이다. 물론 PC 기준 채널 메인 배너 이미지에 있는 홈페이지, 인스타, 블로그 등의 URL 링크를 통해 정보를 확인하기도 하지만, 타 링크로 넘어가기보다 해당 유튜브 채널 내에서 정보를 습득하는 것을 선호한다. 이때 아무런 설명도 없는 정보 탭을 보며 비즈니스 이메일을 수집하는 경우 광고주와 마케팅 담당자는 고민하게 된다. 유튜버에게 협업을 제안했다가 상업적 콘텐츠 자체를 하지 않는 채널일 수 있고, 제안 메일을 보낸 뒤 회신이 없거나 늦을 경우, 또는 '유료콘텐츠를 일절 안 한다.'며 거절당한다면 광고주와 담당자는 또다시 유튜버 찾기를 반복할 수밖에 없다. 즉 기회비용을 날릴 수 있는 리스크가 있는 것이다. 정보 탭에 비즈니스에 대한 의지와 유연한 협의 여지를 충분히 비춘다면 광고주가 적어도 우리의 채널을 최종 후보군에 올릴까 말까 망설이는 일은 없을 것이다.

광고주, 광고대행사, 마케팅 담당자는 우리처럼 똑같이 바쁘고 기회비용을 매우 중요하게 생각하는 사람들이라는 점을 잊지 말아야 한다. 정보 탭을 시청자, 구독자를 위하기보다는 광고주 친화형으로 가도 괜찮으므로 우리의 비즈니스 의지를 마음껏 표현하기 바란다.

CHAPTER 03

뭘 파는지도 모르는데 과연 손님이 올까?

유튜브 채널 아이덴티티 전략

유튜버의 비즈니스 마인드셋, 에티튜드를 정립하고 목적과 목표를 설정했다면, 유튜브 채널의 정체성을 명확하게 설정해야 한다. 즉 우리의 유튜브 채널을 한 줄 문구로 소개할 수 있어야 한다. 나도 내가 뭐 하는 채널인지 모르겠고, 내 채널의 매력과 강점을 모르는 상태에서는 광고주의 협업 제안이 들어올 리 없다.

광고주는 우리보다 훨씬 이성적이고 냉정하며 이해관계가 명확한 비즈니스의 최전선에 있는 사람들이다. 브랜디드 콘텐츠 캠페인, PPL 협찬 광고 등 협업할 유튜브 채널 선정 단계에서 매우 신중한 자세와 정식 프로세스를 통해 결정하곤 한다. 이 채널이 여러 주제를 다루는 '종합 백화점' 채널인지? 하나의 주제를 조금 더 정밀하고 견고하게 다루는 '전문점' 채널인지? 채널의 정체성을 중요하게 본다. 물론 여러 주제를 다루는 백화점 성향이 통하는 유튜브 채널이 있다. 연예인, 유명인 등 이미 개인 브랜딩이 된 메가급 인플루언서가 이에 속한다. 이 외 99% 절대다수인 일반 유튜브 채널은 백화점으로 성장하기 위한 전략으로, 전문점부터 시작해서 채널을 키워가는 식의 퍼스널 브랜딩 테크트리를 타야 한다.

하나의 사례를 예로 들어보겠다. 현직 미용 브랜드 판매담당자 20명을 대상으로 설문조사를 했다. CJ DIA TV 소속의 미용 유튜버 15명 중 선호하는 2명을 선택하는 조사였다. 구독자 수는 50만 명부터 200만 명까지 다양했고 모두 탑클래스 뷰티 유튜버이다. 이 중 우리가 잘 아는 유명 뷰티 유튜버도 다수 포함되어 있다. 결과는 과연 어땠을까? 가장 많은 선택을 받은 2명의 유튜버는 모두의 예상을 뒤엎고 구독자 수 중 하위권에 속하는 유튜버였다. 어떻게 이런 결과가 나왔을까? 상위 유튜버를 선택할 경우 채널 규모에 따른 매우 높은 조회 수가 기대되었던 반면, 천편일률적인 영상 구성, 구도, 콘셉트에 대한 피로도 누적으로 특색과 차별성이 없을 것이라는 의견이 지배적이었다.

중하위권에 속한 2명을 선택한 이유는 명확했다. 상위권 유튜버 대비 폭발적인 조회 수는 아니지만, 조회 수 대비 높은 인게이지먼트 즉, 조회 수 대비 댓글과 좋아요, 공유율 등의 상호작용률이 높을 것이라는 이유였다. 이보다 더 중요한 선택 이유는 바로 그들만의 콘텐츠 특색과 카테고리 세분화를 통한 전문성이었다.

하위권에 속한 Y 유튜버는 가장 많은 선택을 받았다. 일반적인 뷰티 영상이 아닌 예능형 기획 영상을 선보이는 유튜버이다. 한마디로 유니크하고 특색있는 유튜버다. Y 유튜버는 '미니 웹드라마 타이즈' 영상 형식의 일인다역 상황극으로 초반부에서 이목을 집중시키고, 중 후반부부터는 뷰티 콘텐츠의 기본 소개와 시연 형식으로 영상을 구성했다. 또한, 영상마다 초반부에 변화를 주어 '브이로그' 형식의 미션 수행 콘셉트로 영상을 만들기도 하고, 자극적이고 리얼한 모습을 담아 재미 요소를 극대화한 전개로 영상을 풀어나간다.

초반에는 화장기없는 얼굴에 붙어있는 마스크팩을 격하게 잡아당기는 모습이 유튜버 본인에게는 다소 추할 수도 있고 우스꽝스러울 수 있지만, 중반부부터 정상적인 뷰티 유튜버 본연의 모습으로 전문적인 리뷰와 시연을 하는 구성이 꽤 흥미롭고 인상 깊다는 의견이 많았다.

두 번째로 많은 선택을 받은 유튜버는 중위권에 속한 L 유튜버이다. 10대뿐만 아니라 여성 모두가 신경 쓰는 여드름, 뾰루지 등 트러블 케어만 전문으로 다루는 유튜버이다. 제품을 소개할 때 '스킨케어에 탁월한 제품입니다'가 아닌 '여드름과 뾰루지 케어에 제격인 제품입니다' 식으로, 세부적이고 핫한 키워드를 집중적으로 공략하여 콘텐츠를 후킹하는 전략이 좋아서 선택했다는 의견이 많았다. 왠지 더 전문적으로 브랜드 제품을 잘 표현해줄 것 같다, 여드름에 고민하는 특정 층을 공략하는 것으로 보이지만 다수의 여성이 공감할 수 있는 트러블 케어 콘텐츠의 타깃팅 전략이 인상깊다라는 의견이 많았다.

우리는 이와 같은 사례를 통해 정체성 확립의 두 가지 전략을 알 수 있다.

첫째, 카테고리 세분화 전략이다. 이미 뷰티 유튜버는 많고 콘텐츠도 포화 상태이다. 뷰티 카테고리에서 중분류로 내려가면 기초, 색조, 커버 등으로 나뉘게 된다. 이렇게 내려가도 광고주의 선택지는 아직도 너무나 많다. L 유튜버처럼 뷰티 - 기초에서 한 단계 더 세분화하여 특정 키워드에만 집중하는 전략은 시청자뿐만 아니라 광고주에게도 매우 전문적인 이미지를 주게 된다. 여러 상품이 복잡하게 진열되어 보기에는 풍성해 보일 수 있지만, 선뜻 손이 안 가는 백화점보다, 명확한 정체성에 따른 톤앤매너로 소수의 상품이 진열되어있는 전문점에 광고주는 눈길이 갈 수밖에 없다. SBS 백종원의 골목식당을 통해 카테고리 세분화의 중요성은 자주 언급되고 있다. 백종원이 처음 식당가서 둘러보고 시식하며 가장 많이 제시하는 솔루션이 바로 '메뉴 줄이기'다. 주변 상권에 유사한 식당이 많으므로 이들과 차별성을 두기 위해서는 메뉴를 최대한 줄여서 대표메뉴를 고도화시키는 식으로 선택과 집중을 해야 한다는 솔루션이다. 우리 유튜브는 어떤가? 특정 지역 오프라인 상권과는 비교할 수 없을 만큼 방대한 경쟁자가 있다. 모두가 작은 백화점으로 유튜브를 시작한다. 이들과 섞여 혹시 제로섬 게임을 하고 있지는 않나? 백화점들이 즐비한 곳에서 우리의 채널이 과연 변별력과 차별성이 있을까? 우리는 카테고리를 쪼개서 '세분류 카테고리 킬러' 전략으로 운영하는 전문점이 되어야 한다.

둘째, 명확한 영상 콘셉트 전략이다. 모두가 똑같은 뷰티 영상을 보면서 시청자들의 피로도는 쌓이기 마련이다. 갓 출시된 신상 제품이거나, 핫한 베스트셀러 상품이라 해도 천편일률적인 영상 구성과 뷰티 콘텐츠 특유의 화면 구도에 시청자는 지칠 수밖에 없다. 이러한 점은 뷰티 업계 광고주, 마케터 모두가 느끼고 있는 피로감이다. 뷰티 콘텐츠는 이렇게 제작하는 것이 소위 '국룰'이라는 고정관념을 버려야 한다. 광고주는 새로운 형식과 콘셉트로 영상 콘텐츠를 만드는 유튜버에게 신선함과 매력을 느낄 수밖에 없다. 같은 장소를 여행하며 봤던 풍경과 정보를 다른 유튜버가 제공하는 것이 시청자 시선에서는 마냥 새롭지 않다. 여행은 당연히 브이로그 형식으로 찍어야 하는 것이 아닌, 뮤직비디오 형식으로 한편의 짧은 영화를 보는 듯 한 콘셉트로도 영상을 제작할 수 있다. 이러한 특색있는 콘셉트는 당연히 광고주의 눈에 띄기 마련이다.

채널 정체성에 관한 사례를 한 가지 더 다루겠다.

내가 속해있는 대기업, 중견기업, 중소기업, 소상공인 80명이 모여 있는 단체 톡 방에 '유튜버 브랜디드 콘텐츠 제작' 관련으로 여러 항목을 설문했다. 이중 '유튜버 선택 시 중요하게 보는 점은?'이라는 질문으로 선택지는 5개를 두었다. 1번 구독자 수, 2번 조회 수, 3번 인게이지먼트, 4번 정체성, 5번 콘셉트이다. 우리가 광고주라면 어떤 항목을 선택했을까? 설문에 앞서 나는 그래도 보수적인 기업 광고주들은 구독자 수와 조회수를 중요하게 볼 것으로 생각했다. 결과는 역시나 예상 밖이었다. 압도적일 듯한 구독자 수는 3위였고 조회 수는 5위였다. 업계 동향을 꿰뚫어 봐야 하는 광고주는 부풀려진 채널 구독자 수와 구글애즈 광고로 얻어진 조회 수에 대한 허상을 알고 있다는 것이다.

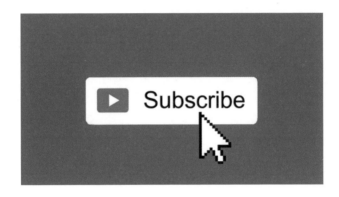

1위는 조회수당 댓글, 좋아요 수 비율인 인게이지먼트 상호작용률이었다. 이 인게이지먼트에 대해서는 곧 집중적으로 다루도록 하겠다. 2위는 채널 정체성이었다. 설문에 응한 광고주는 여러 카테고리를 산만하게 다루는 종합 카테고리 채널에 매력을 느끼지 못한다는 것이다. 내 상품이 해당 채널 유튜브 영상으로 올라가면 사람들이 많이 조회할 수는 있겠지만, 이후 홈페이지, 이벤트 페이지 유입이나 쇼핑몰 유입 후 구매전환이 일어나지 않을 것이라는 의견이 많았다. 본 설문을 통해 우리는 유튜브 채널 정체성의 중요성을 여실히 알 수 있게 되었다.

유튜브 채널의 정체성 설정 주요항목은 목적/목표, 주제(카테고리), 시청자 타깃, 콘셉트, 전체 콘텐츠 방향 등으로 나누어진다. 이는 비단 수익화를 위한 셋업이 아닌, 유튜브 채널 기획의 기본이다. 이외에도 유튜버 캐릭터화 여부, 시의성 콘텐츠, 촬영 장비, 기획 촬영 편집 밸런스, 업로드 주기, 커뮤니케이션 스탠스 등 정체성 설정 부가 항목도 있다.

　유튜브를 하루라도 빨리 키우는 것이 좋을까? 늦게 준비하면 혹은 다시 처음부터 시작하면 남들보다 많이 뒤처지지 않을까? 이런 걱정은 접어두고 늦게 천천히 시작해도 된다. 이렇게 채널 정체성을 설정하며 기반을 탄탄히 다져서 전략적으로 시작한다면 성급하고 막연하게 시작한 사람들보다 훨씬 우위에 서서 빠르게 성장할 수 있다. 정체성이 명확한 채널의 시청자는 자연스럽게 구독자가 되고, 채널이 성장하면 광고주는 알아서 모여들기 마련이라는 것을 꼭 기억하기 바란다.

유튜브 골목 채널

메뉴를 줄이셔야 해유!

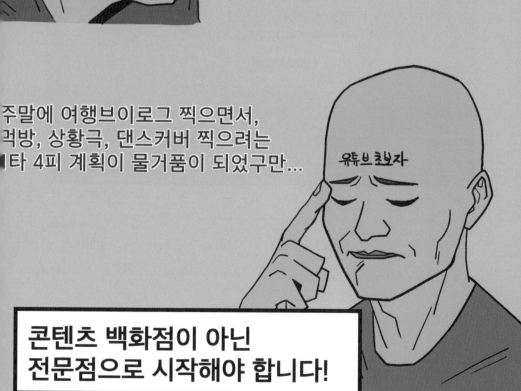

주말에 여행브이로그 찍으면서,
먹방, 상황극, 댄스커버 찍으려는
타 4피 계획이 물거품이 되었구만...

유튜브 초보자

콘텐츠 백화점이 아닌
전문점으로 시작해야 합니다!

이미 예견되어 있던 유튜버 뒷광고 사태

유료 광고 포함 콘텐츠 마인드셋

우리는 다양한 루트를 통해 유튜버가 되기 위한 교육을 받곤 한다. 수많은 온 오프라인의 교육, 강의, 강연을 통해, 또는 유튜브로 검색하며 독학으로 유튜버가 된다. 그렇게 학습한 대로 채널을 운영하며 나의 유튜브 채널은 매우 직관적인 수치인 구독자 수로 평가되고 등급이 매겨진다. 구독자 수가 적으면 낮은 등급의 채널, 구독자 수가 많다면 높은 등급의 우수 채널로 매우 단순하게 나누어진다.

매우 공익적이고 가치가 높은 콘텐츠들로 이뤄진 선한 영향력 기반의 채널이지만 구독자 수가 낮다면 시청자들에게 철저히 외면당하는 것이 현실이다. 반면 유튜브에서 규정하는 최소한의 유해 콘텐츠 여과 장치인 '유튜브 커뮤니티 가이드'의 한계선 경계에서 아슬하게 줄타기를 하며 선정적, 폭력적, 자극적인 콘텐츠들을 선보이는 채널이지만 구독자 수가 많다면 모든 것이 이해되고 호응을 얻는 다소 아이러니한 현상

이 벌어지는 곳이 바로 유튜브이다.

유튜브를 하면 당연히 구독자가 많아야 한다, 구독자를 늘려야 성공할 수 있다, 구독자 한명 한명이 소중하다. 맞는 말이다. 유튜브에서의 성공은 많은 구독자를 보유하는 것. 부정할 수 없을 정도로 이미 사회적 합의가 이뤄졌고 대중들에게 보편적인 인식으로 깔리게 되었다. 그리고 유튜브는 그 성공의 증표로 10만 구독자 달성 시 실버 버튼, 100만 달성 시 골드 버튼을 준다. 이러한 유튜버에 대한 인식은 자연스럽게 유튜브 교육에도 큰 영향을 끼치게 되었다. 일반적인 유튜브 교육 과정은 전공도 아닌, 영상 제작을 한 번도 안 해 본 우리에게 영상 기획, 촬영, 편집을 알려준다. 영상 제작에 대한 교육이 종료되면 유튜브 조회 수 늘리는 법, 유튜브 채널 구독자 확보하기 등의 과정으로 이어지곤 한다. 대부분의 교육 내용은 구독자가 많아져서 막대한 조회 수 수익을 얻는다, 부가적인 광고, 협찬, 출연 섭외 등은 알아서 따라온다, 그러므로 유튜브 구독자를 늘려야 한다며 대장정의 교육은 종료되는 것이 일반적이다.

이러한 유튜브 교육 커리큘럼과 시스템 하 우리 유튜버는 몇 가지 몹쓸 병에 걸리곤 한다.

첫 번째, '경주마 병'이다. 조회 수에 구독자 확보를 위한 영상 제작에 앞만 보고 달린다. 조회 수를 위해서라면 나의 도덕적, 윤리적 소신과 가치관 따위는 무시하고 시청자가 열광할만한 자극적인 콘텐츠를 제작한다.

두 번째, '구글 애드센스 수익 병'이다. 유튜브에서 구독자를 확보하는, 가장 극악무도하고 힘든 구간이 바로 1명에서 1,000명까지이다. 1천 명을 채우면 유튜브 파트너 신청 자격이 부여되어 조회 수와 시청시간에 따른 광고이익을 얻을 수 있기 때문이다. 자격이 부여되어도 구독자가 폭발적으로 늘어나지 않는 이상 유튜버가 매월 지급받는 비용은 10만 원이 채 되지 않는다. 이마저도 100불 미만이면 지급되지 않고 이월된다. 그래서 더 많은 애드센스 수익을 위해 폭주하는 경주마처럼 더 집중해서 콘텐츠를 제작한다. 이런 유튜버에게 다른 비즈니스를 생각하고 수익방안을 고려할 시간조차 있을 리 없다. 유튜버에게 구글 애드센스 수익은 유일무이한 수익 수단이라는 잘못된 인식이 있기 때문이다. 더욱 안타까운 것은 이러한 유튜버가 전체 유튜버 중 대다수라는 사실이다.

세 번째, '아티스트 병'이다. 더 많은 애드센스 수익을 위해 콘텐츠를 기계처럼 계속 뽑아낸다. 그러면서 시청자와 구독자의 진심 어린 응원도 받게 된다. 내 구독자들을 위해 흥미롭고 진정성 있는 콘텐츠를 계속 만들겠다는 일념 하나로 정진한다.

차츰 왠지 모를 정의감에 불타오르기도 한다. 채널이 커가며 들어오는 협찬과 상업적 콘텐츠 제작도 거부한다. (일반적인 유튜브 교육을 통해 제대로 배운 적이 없으니 사실 어떻게 대응할지 방법도 모르긴 하지만) 나를 응원해주는 구독자를 위해 진정성 있는 콘텐츠만 제작한다는 대의명분으로 거절한다. 여기서 심각한 오류가 발생한다. 협찬과 비용 지원이 일절 없는 콘텐츠여야만 진정성 있는 콘텐츠가 되는 것이고, 적은 액수라도 지원을 받으면 진정성이라고는 찾아볼 수 없는 거짓 콘텐츠가 되는가? 이러한 오류를 범해가며 외부 비즈니스, 광고주 협업에 단절된 순수콘텐츠만을 제작하는 '아티스트'가 되어 간다. 이게 바로 '아티스트 병'이다.

이렇게 3가지 병을 통해 비즈니스는 단절되고 오직 구글 애드센스 수익만을 바라보게 된다. 너무나 흔한 사례이며 국내 유튜브 교육의 한계로 인해 만들어진 안타까운 현상이라고 생각된다. 이들이 비로소 비즈니스에 눈을 뜨게 되는 것은 단 하나의 수익 수단이었던 애드센스 수익의 문제가 발생하는 시점이다. 저작권 경고를 받는다 든지, 나를 시기 질투하는 개인, 무리, 단체가 몰려와 동영상 신고를 눌러서 해당 영상 의 수익창출이 중지된다든지, 유튜브 커뮤니티 가이드에 위반되는 콘텐츠로 자동 분 류되어 수익이 중지되는 식의 여러 리스크가 유튜브에 존재한다. 구글이라는 거대한 글로벌 기업이 무심코 던진 돌멩이에 수많은 개구리 유튜버들이 목숨을 잃곤 한다. 더욱 무서운 것은 유튜브의 정책은 언제 어느 때 어떠한 형태로 바뀔지 모른다는 것 이다. 잘나가던 다수의 키즈 채널이 하루아침에 수익이 제로가 되고 더는 유튜브 안 에서 추천을 극단적으로 해주지 않는 사태만 봐도 알 수 있다.

이 시점에 우리는 극심한 딜레마에 빠지곤 한다. 그간 순수 콘텐츠를 지향하던 내 가 현실과 타협해서 상업 콘텐츠, 유료 광고 콘텐츠를 제작한다? 본인에게는 너무나 힘든 결정일 수 있다. 결국, 유튜브를 지속하고 싶은 마음에 현실을 받아들이기로 생 각하지만 거대한 산을 넘어야 한다. 바로 '구독자 용인'이라는 높은 산이다.

구독자가 콘텐츠에 '유료 광고 포함'이라고 찍힌 콘텐츠를 보면 분명 싫어할 것이 분명하고 저항성 댓글이 달릴 것이다. 조회 수도 안 나올 것이고 수많은 구독자가 실 망하며 구독을 취소할 것이다. 이런 부정적인 생각들로 우리는 상상의 나래를 펼치게 된다. 과연 이러한 현상이 심화할까? 구독자들의 저항이 있는 것은 분명하다. 하지만 그 수는 절대적으로 적다. 그 소수의 부정적 댓글에 유튜버는 격하게 반응하고 상업 콘텐츠 제작을 후회한다. 2~3개의 부정적 댓글과는 달리 응원, 격려, 공감하는 댓글들과 특별히 댓글은 달지 않았지만, 묵묵히 응원하며 콘텐츠를 소비한 다수의 구독자는 왜 보지 않는 것인가? 결국, 유료광고 콘텐츠의 최대 걸림돌이자 적은 유튜버 나 자신이다. 내가 만든 부정적 프레임에 스스로 갇혀 괴로워하는 것이다. 이러한 고정관념과 선입견으로 인해 유튜브 비즈니스, 수익화 전환에 실패한 유튜버가 의외로 많다.

시청자의 광고 콘텐츠에 대한 거부감은 기본적으로 존재한다. 하지만 해당 콘텐츠는 시청자가 얼마든지 취사선택할 수 있다. 상업 콘텐츠니까 무조건 거부한다는 것은 일반화의 오류이다.

콘텐츠에 악플을 달고 싫어요를 누르고 나가버리는 시청자는 대개 영상 콘텐츠가 너무 과도한 광고로 뒤덮여 있거나, 무분별하고 지나친 찬사, 유튜버 본인의 의견이 전혀 반영되지 않은 진정성 없는 콘텐츠들이다. 협찬을 받았지만 적당한 소신을 가미해서 유연하게 콘텐츠를 제작하는 것도 유튜버가 갖춰야 하는 상업 콘텐츠 제작의 역량이다. 상업 콘텐츠여도 진정성은 얼마든지 담을 수 있다.

한때 유튜버 뒷광고 논란이 큰 화제가 되었다. 아무런 협찬과 지원을 받지 않은 순수콘텐츠라고 속이고 나중에 알고 보니 뒤로 금전적 이득을 취한 상업 콘텐츠라는 것이 바로 뒷광고 논란이다. 적게는 수십만 많게는 수백만의 구독자를 거느린 대형 유튜버들의 뒷광고 논란이 제기되었고 언론에 대서특필되며 논란은 불편한 현실이었던 것으로 밝혀졌다.

이미 대성한 유명 유튜버와 연예인까지 뒷광고를 하며 팬심을 기만한 모습을 보며, 많은 사람들은 극도의 분노를 표출하였다. 왜 이렇게 유튜브 생태계를 뒤흔들 정도의 사건으로 커지게 된 것일까? 앞서 말한 교육의 부재와 잘못된 선입견이 초래한 결과라고 생각한다. 시청자들이 싫어할까 봐 광고를 숨겨온 행위들이 쌓이고 곪아서 터져버린 것이다. 다행히 해당 사건은 파장과 함께 큰 경각심을 불러일으켰고 유튜버, MCN 회사, 유튜브 광고업계도 정화를 위한 노력을 하게 되는 계기가 되었다.

　유료 광고 포함 콘텐츠를 선보이는 유튜버에게 무거운 결단은 필요 없다. 본인이 만든 부정적 프레임에서 벗어나, 떳떳하고 당당하게 콘텐츠를 선보이기 바란다.

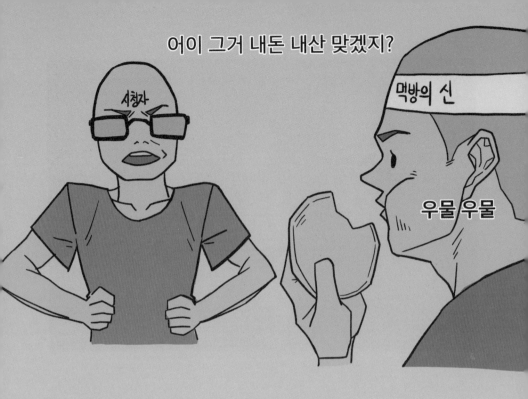

대형 유튜버와
인플루언서의 뒷광고 논란

CHAPTER 05

든든한 지원군이 되어주는 진성 구독자

채널 진성 구독자 확보 전략

앞서 우리는 유료광고 콘텐츠를 선보이는 유튜버의 자세에 대해 알아봤다. 이번에는 구독자에 관한 이야기를 해보겠다. 유료콘텐츠에 대한 극도의 거부감으로 구독을 취소하며 이탈하는 구독자는 분명 있을 것이다. 구독자는 우리가 힘들게 제작한 영상에 대한 결실이다. 우리에게는 구독자 한명 한명이 소중 하다. 따라서 구독자 이탈은 우리 유튜브 채널에 큰 타격으로 다가올 수 있다.

그러나 조금 다르게 생각해보자. 충성도 낮은 구독자 100명과 높은 구독자 10명, 어느 구독자 그룹이 더 중요할까?

우리가 건강한 비즈니스를 기반으로 유료광고 콘텐츠를 선보일 때 구독취소 현상이 일어난다면, 오히려 계획대로 잘 되고 있다고 생각하면 된다. 이런 현상은 충성도 높은 진성 구독자를 여과할 수 있는 좋은 계기가 될 것이다. 상업적 콘텐츠에 대해 알레르기 반응을 일으키고 이러한 변화를 반대하는 사람은 적어도 진성 구독자가 아닐 것이다. 이런 부정적인 시선의 구독자들은 해당 유튜버에 대한 각별한 애정하에 일종의 배신감을 느껴 구독을 취소하지만, 이런 케이스는 생각보다 그리 많지 않다.

대부분 별생각 없이 가볍게 구독했다가 유료 광고 포함이라는 표시를 보고 취소하거나 부정적 댓글 한두 개에 동요하며 취소하는 행태가 많다. 즉 가볍게 들어왔다가 가볍게 나간다는 것이다. 내 채널은 그렇지 않다는 것은 큰 착각일 수 있다. 나 또한 유튜브 시청자로서 현재 구독한 유튜브 채널 수가 100여 개에 육박한다.

검증에 검증을 거쳐 신중하게 구독함이 아닌 '요 채널 재미있는데?', '콘텐츠 특이한데?' 등의 생각으로 가볍게 구독한 채널이 대부분이다.

시청자 개인의 마음에 거슬리고 조금이라도 불편함을 느껴서 언제든 구독 취소할 수 있는 구독자 10명보다, 내 콘텐츠를 존중하고 건강한 비즈니스 활동을 묵묵히 응원하고 격려해줄 진성 구독자 1명을 확보하는 것이 더 중요하다.

우리가 앞으로 유튜브 채널을 운영해가며 얻어지는 진성 구독자, 찐 팬에 대한 중요성을 알려주겠다. 그리고 이 진성 구독자들이 우리의 조회 수, 구독자 수 증가에 대한 집착을 조금이나마 내려두게 해줄 것이다. 유튜브 채널 안에서의 진성 구독자 역할과 이들로 인해 벌어지게 될 놀라운 긍정적 효과에 대해 알려주겠다.

진성 구독자는 우리가 새로운 영상을 올릴 때마다 반응한다. '영상 잘 봤습니다' 식 단문형부터 장문까지 우리의 콘텐츠를 존중하고 영상 제작 노고에 감사를 표한다.

댓글 달게 딱히 없다면 고정댓글에 '좋아요'를 누르거나 영상에 '좋아요'를 누른다. 비단 이런 사용자 행동을 취하지 않아도 영상을 끝까지 시청하려고 노력한다. 진성 구독자는 이와 같은 역할과 효과에서 끝나지 않는다.

첫 번째, 이들은 유튜버에게 소재를 던져준다. 쿡방 유튜버에게 최근 TV 프로그램에서 인상 깊게 본 요리를 해당 유튜버의 스타일로 만들어달라고 댓글로 요청한다.

우리가 항상 머리 싸매고 고민하는, 사람들이 좋아할 만한 소재를 바로 시청자 본인들이 던져주는 것이다. 얼마나 고마운 일인가? 영상을 기획할 때 어떤 소재를 다룰지, 이 소재와 형식으로 영상을 만들면 구독자들이 많이 볼까 하며 소재 선택을 고민하는 우리에게 소재 투척은 매우 반갑게 다가온다.

두 번째, 영상이 올라오자마자 달리는 진성 구독자들의 댓글은 미 구독 상태의 시청자에게 좋은 인상을 남긴다. 시청자 반응과는 상관없이 영상만 소비하는 사용자, 영상을 다 본 뒤 댓글들을 하나씩 보는 사용자, 영상을 좀 보다가 스크롤을 내려서 오디오만 들어가며 댓글 반응을 꼼꼼히 살펴보는 사용자까지, 시청자들은 다양한 형태로 콘텐츠를 소비한다. 특히 댓글 반응을 먼저 보는 시청자가 상당히 많은 편이다. 조회 수가 얼마 나오지는 않았지만, 진성 구독자가 달은 소수의 댓글은 미 구독 상태의 일반 시청자에게 채널 활성도나 콘텐츠 호감도 측면에 긍정적인 인식을 심어줄 수 있다. 나도 이 커뮤니티에 동참하고 싶다는 생각으로 채널 구독까지 이어질 수 있다.

세 번째, 이들은 카테고리를 확장시켜준다. 레저 카테고리 내 낚시 유튜버에게 댓글이 달린다. '영상에 나온 1인 텐트 너무 좋아 보입니다, 낚시하면서 캠핑용품도 다뤄주세요'. 애써 이 댓글을 외면해야 할까? 이때다 싶어 캠핑용품 리뷰도 준비하게 된다. 그간 내가 좋아하고 잘하는 캠핑 카테고리였지만, 정체성 유지를 위해 머뭇거리며 시청자 눈치를 봐왔던 것이다. 이러한 댓글에 우리는 등 떠밀리듯 '여러분들이 원하니까 한번 해보겠습니다'라는 식으로 신나게 콘텐츠를 제작하면 된다. 매우 자연스럽게 카테고리가 확장되는 것이다. 다뤄야 하는 콘텐츠는 더욱 많아지고 카테고리 확장에 따라 시청자 수요도 비약적으로 늘어날 수 있게 된다.

네 번째, 이들은 타깃층도 확장 시켜준다. 유튜브는 크고 작은 커뮤니티가 모여 있는 거대 집합체이다. 4, 50대 기혼 여성이 주요 시청자인 셀프 인테리어 유튜브 채널에 이러한 댓글이 달린다. '우리 첫째가 이번에 대학교 근처로 원룸을 얻었습니다. 학업에 집중할 수 있는 원룸 가구 배치방법 부탁드려요. 영상으로 만들어주시면 우리 아들에게 공유할게요!'. 시청자가 소재를 던져주며 시청자 타깃층도 확장시켜주는 사례이다.

이러한 효과들은 모두 진성 구독자에 의해 만들어진다. 채널 성장에 밑거름이자 동력이 되어주는 진성 구독자는 과연 어떻게 만들어야 할까? 진성 구독자를 만드는 2가지 방법을 알려주겠다.

첫 번째, 앞서 나열한 진성 구독자의 역할과 효과를 통해 유추해볼 수 있다. 이들이 확장해주는 소재, 카테고리, 타깃층 모두 '유튜버 본인이 결정해서'가 아닌, '시청자가 원해서'라는 사실이다. 이 정도 구독자가 확보되었다면 슬슬 요 카테고리도 다뤄볼까? 라는 것은 시청자의 반응과는 무관하게 실행하는 것이다. 구독자들이 다른 소재나 카테고리 요청이 없다는 것은 이런 콘텐츠만 꾸준히 보여달라는 암묵적 메시지이기도 하다. 그 메시지를 무시하고 다른 카테고리의 콘텐츠를 선보였다가 조회 수가 폭망하는 일은 비일비재하다. 즉 댓글의 분위기와 흐름을 못 읽은 결과이기도 하다. 진성 구독자를 확보하는 첫 번째 방법은 시청자, 구독자의 반응을 기민하게 파악해가며 이들이 원하는 콘텐츠를 보여주고 소통하는 것이다. '영상 잘 봤습니다'라는 댓글에 '감사합니다, 다음에 좋은 영상으로 뵐게요.'라는 답글은 제대로 된 소통을 하는 것이 아니다. 암묵적 메시지를 파악하는 것이 진정성 있는 소통의 시작이다. 이러한 소통을 통해 진성 구독자를 하나둘씩 내 편으로 확보해갈 수 있게 된다.

두 번째, 타깃팅 전략이다. 타깃팅은 성별, 연령층별, 분야별, 키워드별 등 세부적으로 설정할 수 있다. 다수의 유튜버는 타깃없이 유튜브를 시작한다. 누군가는 보겠지? 너희들이 뭘 좋아할지 몰라서 다 준비했다는 식으로 여러 카테고리와 소재를 산만하게 다룬다. 작은 백화점으로 시작하는 전형적인 형태인 것이다. 문제는 이러한 마이크로급 백화점들이 유튜브에 수만, 수십만 개가 있다는 사실이다. 즉 시청자는 유튜브 안에서의 콘텐츠 선택지가 무한대이다. 우리는 전문점으로 시작해야 한다고 강조해서 언급한 바 있다. 내 채널의 주제, 소재를 좋아할 만한 시청자층을 딱 잡아서 그들을 위한 취향 저격 콘텐츠로 승부해야 한다.

우리가 결의를 다지고 완전 무장 상태로 전쟁터에 나갔다. 나가보니 내가 상대해야 할 적군이 누군지 모르겠다. 누군지 모르겠으니 하나만 걸려라! 는 식으로 허공에 총을 쏴댄다. 유튜브도 마찬가지다.

내 영상을 누가 볼지 모르는 상황에서 내가 좋아하는 주제와 소재, 모호한 콘셉트와 형식으로 열심히 콘텐츠를 제작해서 유튜브에 올렸는데 아무런 반응이 없다. 영상품질이 별로인가? 콘셉트가 너무 평이한가? 조명이 너무 약한가? 등등 뭐가 문제일까 생각하며 원인을 다른 곳에서 찾는다. 예를 들어 '모든 사람이 좋아하는 아이폰 리뷰니까 조회 수가 잘 나올 거야!' 핫한 소재인 만큼 검색량 볼륨이 높고 수요가 많지만 그만큼 공급도 많다는 것을 알아야 한다. 그래서 핫한 소재로 만든 영상을 어느 성별과 어느 연령층, 어느 환경에 있는 사람들에게 보여줄 것인가 식의 타깃팅이 매우 중요한 것이다. 단적인 예로 아이폰 리뷰는 10대들이 열광한다. 반면 삼성 갤럭시가 점유하고 있는 50대 이상의 중년층에게 아이폰 리뷰는 관심 밖이다.

타깃이 없는 유튜버는 평이해질 수밖에 없다. 명확한 타깃팅을 한 A 유튜버는 톤앤매너, 개성, 콘셉트가 그대로 살아있다. 반면 남녀노소 누구나 보라는 식의 B 유튜버는 연령대의 눈치를 본다. 콘셉트지만 내가 반말 섞어가며 시원시원하고 화끈하게 멘트하면 나이 많은 분들이 건방지다고 생각하지는 않을까? 최대한 점잖고 예의 바르게 하자니 어린 친구들이 '노잼'이라고 할 것 같은데? 식의 눈치를 보게 된다. 또한, 성별에 의한 젠더 갈등 눈치도 보게 된다. 무심코 뱉은 말인데 남성분들이 기분 나빠하지 않을까? 젠더 감수성이 부족하다고 여성분들이 질타하지 않을까? 식의 눈치를 본다. 이외 정치적 좌우 눈치, 사회적 통념 눈치 등 여러 리스크 요소를 신경 쓰다 보니 유튜버 본인의 콘셉트와 개성이 사라지게 되며 평범한 톤과 스크립트로 영상을 제작하게 된다.

그리고 타깃이 명확하면 그들의 취향을 자연스럽게 연구하게 된다. 커버 송 유튜버 C는 50대 은퇴 기로에 놓인 직장인 남성을 타깃팅해서 채널을 운영한다. 단풍이 떨어지는 이 시기에 이들이 설레였던 기억을 깨워줄 수 있는 노래를 들려줘야겠다, 은퇴 이후 창업을 생각하는 이들에게 힘이 날 수 있는 노래를 들려주자! 식으로 콘텐츠를 제작한다.

정치적 색이 명확한 유튜버 D는 오직 보수층 남성만을 공략한다. 진보 진영 측 사건 사고와 여성 중심의 사건, 사고, 이슈를 빠르게 리뷰하며 끊임없이 콘텐츠를 제공한다. 즉 보수 성향 남성들의 취향을 정확하게 공략하는 전략을 사용하는 것이다. 무분별한 비난, 비판이 아닌 사실적 근거까지 더하다 보니 10만 명 수준의 채널은 2년이 지난 현재 100만 명에 육박하는 대형 채널로 성장했다.

팬심 카테고리의 J 채널은 언론인 출신이 운영하는 유튜브 채널로서, 지역 정치, 사회, 종교 등 지역내 소재로 비판적인 콘텐츠를 많이 올렸으나, 구독자 수는 처참한 수준이었다. 미스터 트롯이라는 TV 프로그램이 폭발적인 인기를 얻자 해당 프로그램에 대한 뉴스, 리뷰 콘텐츠를 올려봤다. 평소 몇백 회에 불과했던 평균 조회 수가 지난 수백 개의 영상을 합한 조회 수보다 많이 나오는 기이한 경험을 하게 된다. 이후로 인기 절정 가수인 임영웅에 대한 콘텐츠를 꾸준하게 선보이며 '팬심' 채널로 변해갔다. 수많은 임영웅 팬들이 유입되어 영상을 보고 댓글을 달며 채널은 급성장하게 된다.

올릴 때마다 작게는 10만 뷰, 많게는 75만 뷰까지 조회 수가 폭발했고 이로 인해 얻어진 구독자는 1년간 무려 15만 명에 달한다. 여기에 네이버가 연예 뉴스, 콘텐츠에 대한 댓글을 막으면서 사용자들이 댓글을 달며 놀 수 있는 커뮤니티 공간이 사라져버렸다. 이들은 모두 유튜브에 눈을 돌리고 관련 영상을 찾아 댓글과 답변을 달고 호응하고 비판하는 식으로 네이버에서 유튜브로 '커뮤니티 이주'를 하게 되었다. 이런 뜻하지 않은 호재가 더해져 임영웅과 미스터 트롯 팬들은 J 채널 콘텐츠를 소비하고 응원, 호응, 공감을 할 수 있는 댓글 놀이터에 와서 매일 신나게 놀다 가는 것이다. 임영웅을 좋아하는 특정 층이 아닌 트로트를 좋아하는 사람들로 광범위하게 타깃팅을 했다면 이러한 폭발적인 성장이 과연 가능했을까?

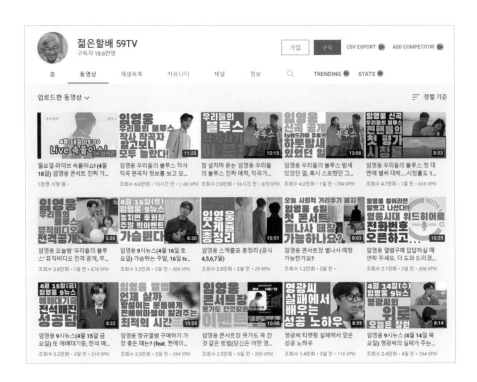

진성 구독자 확보를 위한 2가지. 시청자 타깃팅과 이들과의 진정성 있는 소통은 매우 중요하다고 볼 수 있다. 진성 구독자가 많아지면 영상에 달리는 댓글의 수가 많아지며 인게이지먼트 상호작용률이 높아진다. 광고주 시선에서 채널의 상호작용률이 높으면 광고주 제품과 서비스의 광고유입전환율 또는 구매전환율이 높을 것으로 예상하고 기대하게 된다. 규모가 있는 채널이고 조회 수도 일정수준 나오지만 조회 수 대비 댓글이 거의 없다시피 달리는 채널보다, 채널 구독자는 상대적으로 적지만, 영상에 달리는 댓글 수가 많은 채널을 광고주는 더 선호할 수밖에 없다. 우리가 기본적인 채널 성장을 위해, 광고주의 시선이 내 채널에 머물게 하기 위함이 바로 진성 구독자 확보를 해야 하는 이유일 것이다.

우리가 이렇게 확보한 진성 구독자는 유튜버 비즈니스 수익화 시작의 든든한 지원군이 되어줄 것이다. 찐 팬이 내 채널에 미치는 좋은 영향력을 꼭 누리기 바란다.

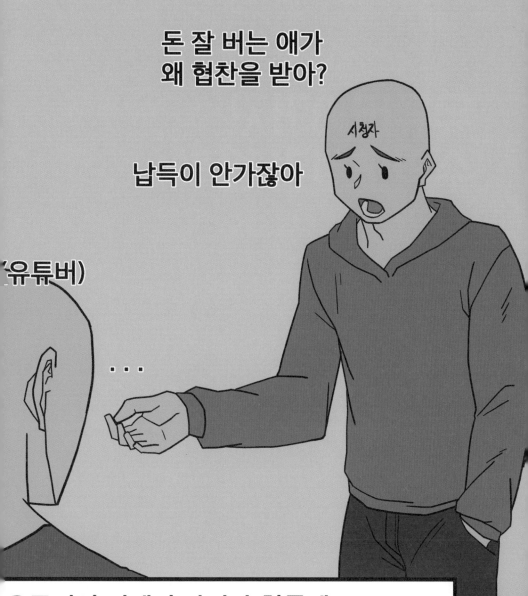

PART. 02

유튜브 활용 수익모델 파악하기

유튜버 8가지
수익모델과 전략

INDEX.

밥은... 먹었냐...

무려 15개나 되는! 유튜브로 돈 버는 방법

01 유튜버 수익모델 바로알기

유튜버는 조회 수 수익이 전부라고 생각하는 사람들이 있다. 1회 조회당 1원이라는 잘못된 정보를 알고 있는 이들도 꽤 많다. 유튜버에게는 동영상 조회 수에 의한 구글 애드센스 수익 포함, 무려 15가지의 수익모델이 존재한다. 너무 많아서 억지로 부풀린 게 아니냐고 생각할 수 있지만, 실제 15가지의 수익모델로 활발하게 유튜브 비즈니스 활동을 하는 채널이 상당히 많다.

제 주위에는 없는 것 같던데요? 그럴 수 있다. 본인의 유튜브 활동 자체를 숨기는 이유는 대부분 채널이 작아서, 창피해서다. 반면 본인의 유튜브 비즈니스 활동을 숨기는 이유는 나름 쏠쏠한 재미를 보고 있어서이기도 하다. 내가 가진 노하우를 공유하는 것은 시청자에게 제공하고 있는 유튜브 콘텐츠만으로도 충분하고, 주변 유튜버와 이해관계가 얽힐 수 있는 비즈니스는 숨기곤 한다.

숨긴다는 표현보다 군이 공유해줄 필요성을 못 느끼는 쪽에 더 가깝다고 보면 된다. 그렇다고 이러한 유튜버를 향한 질타가 정당할까? 혹자는 이런 수익 노하우를 공유해서 해당 비즈니스의 전체 파이를 키우고 함께 성장할 수 있는 그림이 좋지 않냐고 말한다. 이건 마치 잘 되는 카페가 생기고, 경쟁 카페들이 늘어나고, 일대 상권이 '카페 거리'화 되는 효과를 위해 비결을 공유하는 편이 좋다는 것과 유사한 논리이다.

사실 유튜버 개개인은 개인주의 성향이 강한 편이다. 혼자 모든 작업을 소화해야 하는 특수한 환경으로 인해 이러한 성향이 강해진다고 생각한다.

유튜버는 공과 실, 권리와 의무, 책임 등 이 모두를 혼자 누리고 감내한다. 그들이 냉정하리만큼 비즈니스 노하우를 공유하지 않는 것은 유튜브 생태계가 만들어 놓은 환경 때문에 어찌 보면 당연할 수밖에 없다고도 생각된다.

　나는 본 챕터를 통해 총 15가지의 유튜버 수익모델에 대해 상세히 알려주려 노력할 것이다. 15가지의 수익모델은 모두 유튜브와 직간접적으로 연결되어 있다. 모든 수익모델은 각각의 요건이 다르고, 모든 필요조건을 충족시킬 수 있는 유튜버가 드물기에 우리 개개인이 취사선택해서 적용해야 한다.

✎ 유튜브 5가지 수익모델 분류 ✎

유튜버의 14가지 수익모델은 크게 5개로 분류된다.

첫 번째는 수단 활용 수익이다.

본업의 연장 선상으로 유튜브와 같은 동영상 플랫폼, 인스타와 같은 SNS 등을 목적이 아닌 수단으로만 활용하는 것이다. 이를 통해 유튜버의 수익모델은 더욱 확장될 수 있다.

두 번째는 조회 수 수익이다.

유튜버가 가장 흔하게 알고 있으며, 의존도가 가장 높은 수익모델이기도 하다. 유튜버 파트너 자격을 취득하고 구글 애드센스를 통해 광고비 수익 일부를 받는다.

▲ 구글 애드센스 메인 홈페이지

세 번째는 팬덤 수익이다.

앞서 강조한 유튜버 채널의 진성 구독자에 의해 팬덤 수익이 발생한다. 팬덤 수익은 총 5가지로써 유튜브 슈퍼챗, 슈퍼땡스, 투네이션, 채널멤버십, 굿즈 판매수익이 있다.

네 번째는 마케팅 수익이다.

우리는 유튜버이자 마케터로써 광고주의 제품과 서비스를 홍보하며 얻는 수익이다. 마케팅 수익은 3가지로 스폰서십, PPL, 브랜디드 콘텐츠가 있다.

다섯 번째는 커머스 수익이다.

보통 마케팅 비즈니스를 하다 보면 비즈니스 네트워크가 형성되고 이들의 제품과 서비스를 홍보해주며 발생한 매출을 공유받는 형태다. 또한, 유튜버 본인이 직접 제조, 유통 판매하는 것도 포함된다. 커머스 수익은 4가지로 나뉘며 어플리에이트, 이커머스, 브이커머스, 라이브커머스가 있다.

14가지 모델을 크게 5가지로 추가 분류한 이유는 우리가 어떻게 수익화 테크트리를 탈것인지에 대한 고민을 덜기 위함이다. 다음의 사례들을 보며 내가 어떤 수익모델로 시작해서 어디까지 확장할 것인지? 한가지 수익모델을 더 고도화할지, 다른 수익모델로 확장할지에 대해 생각해보기 바란다.

사례로 살펴보는 유튜브 수익모델 맛보기

A 유튜버는 구독자 2만 명 대비 월 50만 원 미만의 조회 수 수익이 발생하는 채널을 운영하고 있다. 영상을 올렸을 때 조회 수는 크지 않지만, 다행스럽게도 A 유튜브 채널은 충성도 높은 진성 구독자가 많이 확보되어 있어 댓글 수와 호응도가 좋은 편이다. A 유튜버는 유튜브 비즈니스 확장을 위해 팬덤 수익모델에 집중하기로 한다.

구독자 1만, 2만이 됐을 때 만 이벤트성으로 했던 라이브 스트리밍을 주 1회 최소 1시간씩 하게 된다. 라이브도 영상 콘텐츠 제작처럼 뭔가 많은 것을 준비해야 한다는 생각이라 부담이 컸다. 근데 하다 보니 자연스럽게 구독자들과의 대화가 대부분이었고 준비한 콘텐츠와 스토리는 제대로 풀지도 못했다. 라이브를 지속하다 보니 구독자들과 대화만 해도 매우 즐겁고 알찬 시간으로 채워지게 되었고, 라이브도 주 2회로 늘리게 되었다. 유튜버가 알고 있는 내용을 순간적으로 떠올려 답을 해주고 역으로 조언을 듣는 등 이런 티키타카가 이뤄지다 보니 구독자들이 천원, 삼천 원, 많게는 2만 원까지 슈퍼챗을 쏴준다. 도네이션 서비스에도 가입해서 유튜브 슈퍼챗 수단을 선호하지 않는 구독자들에게 링크를 공유하여 도네이션 후원을 받는다.

라이브를 습관적으로 하며 채널이 성장해가고 업로드된 영상 콘텐츠를 보며 금액을 후원하는 슈퍼땡스 수익도 늘어나게 되었다. 구독자는 3만 명으로 늘어나게 되었고, 멤버십 자격이 부여되어 채널 멤버십을 오픈하는 등 전체적인 팬덤 수익모델이 안정화되었다. 이 시점에 A 유튜버는 다른 수익모델로의 확장이 아닌, 팬덤 수익모델을 고도화하기로 했다. 라이브가 주 3회로 늘어난 탓에 자칫 소홀해질 수 있는 영상 콘텐츠 제작에도 더욱 집중할 계획이다.

B 유튜버는 3,000명 수준의 구독자를 가진 마이크로급 채널이다. 조회 수 수익 또한 매월 받지 못할 정도로 작은 수익이 발생하고 있습니다. 하지만 영상 퀄리티 하나만큼은 일반 유튜버 평균 이상의 실력을 갖추고 있다. B 유튜버는 마케팅 수익에 집중하기로 한다. 공공기관, 지자체 등에서 주관하는 지원사업과 공모전을 통해 알게 된 광고주들에게 2차 제작을 선제적으로 제안한다.

하나둘씩 제작을 수주받고 퀄리티있게 영상을 한 뒤 채널에 올려 홍보해준다. 퀄리티있는 여러 영상이 올라가며 B 유튜버의 채널은 그 자체가 포트폴리오가 되어갔고, 만족한 광고주의 N차 제작과 타 광고주 소개를 통해 제작 레퍼런스를 쌓아갔다. 여기서 고민이 생긴다. 월 제작 편수를 늘려서 수익을 늘릴지? B 유튜버는 촬영, 편집을 도와줄 편집자를 고용할 수준의 수익은 아니었다. 혼자 모든 것을 하고 있기에 제작 편수를 늘린다는 것은 현실적으로 불가하다. 제작 단가를 올리기에도 3천 명에서의 구독자 변화가 미미한 수준이라 쉽지 않다.

B 유튜버는 커머스 수익을 확장하기로 한다. 한 광고주에게 2개의 제작 제안을 한다. 하나는 평소에 하던 브랜디드 콘텐츠를 제작하며 100만 원을 받는다. 단 홍보가 절실한 신상품 위주로 제작한다. 다른 하나는 물류창고에 가득 쌓여있어 처치 곤란인 체화 재고 상품의 비디오 커머스 제작을 제안한다.

비용은 최소제작비 30만 원에 판매 매출의 20%를 공유받는 것으로 합의한다. 비디오 커머스 영상은 브랜디드 콘텐츠 대비 퀄리티 면에서 힘을 빼고 다소 가볍게 제작할 수 있다. 제작 시간은 단축되고 손쉽게 비디오 커머스 영상을 제작하며 매출의 일정수수료를 공유받는다.

1개의 영상을 제작한 뒤 재고가 소진되는 몇 개월 동안 꼬박꼬박 매출 수수료를 받는다. B 유튜버는 마케팅 수익모델을 통해 얻은 비즈니스 네트워크를 활용해 커머스 수익모델로도 확장하게 되었다. 마케팅과 커머스 수익모델을 밸런스있게 병행하며 수익 안정화를 이뤄냈다.

    우리는 두 가지 사례를 통해 내 채널에 어울리는 수익모델은 무엇인지? 어느 수익모델에 집중할지? 이게 안정화 단계일 때 확장할 것인지 고도화할 것인지? 등에 대해 고민, 결정, 실행을 반복해야 한다는 것을 알 수 있다. 이제 유튜버 14가지 수익모델의 장점, 단점, 환경, 유의사항, 사례 등의 내용으로 하나씩 상세하게 다루겠다. 자신의 채널에 적합한 수익모델을 찾아보기 바란다.

본격적으로 14가지 유튜브 수익화 방법을 설명하기 전에, 첫 시작에서 배운 내용을 다시 떠올려보자. 채널 목표와 목적을 설정하고 정체성을 만들어야 한다는 것은 아무리 반복하고 강조해도 지나치지 않다.

보통 유튜브 강의의 경우, 1회차 내용은 1인 미디어 산업의 이해와 동향을 설명해준다. 2회차는 기획 – 3회차 촬영 – 4~5회차 편집 식으로 커리큘럼이 구성되곤 한다. 그중 1회차 강의에서 유튜버의 특성을 이해시키고 성공사례를 보여주며 구독자 확보에 대한 당위성을 주입식으로 심어준다. 그리고 채널 운영 전략을 통해 여러 주제가 있으니 성공한 채널을 벤치마킹해서 본인만의 유튜브 채널을 만들라는 내용으로 종료되는 것이 일반적이다.

이런 커리큘럼의 강의에는 내가 앞서 강조에 강조를 거듭한 정체성 설정에 관한 내용의 분량 자체가 턱없이 짧다. 1회차에 전략적 채널 기획으로 기반을 탄탄히 다져야 함에도, 정체성 설정법은 2회차에 살짝 다루거나 콘텐츠 기획으로 넘어가게 된다. 채널 기반보다 콘텐츠 하나하나를 잘 제작해야 한다는 논리로 커리큘럼이 구성되기 때문이다. 이와 같은 커리큘럼을 통해 내 유튜브 채널 정체성 수립에 대해 생각해볼 시간조차 없이 콘텐츠를 제작하여 유튜브를 시작한다. 평소 유튜브 활동을 막연하게 생각만 하면서 실행에 주저했던 사람들은 여차여차 좋은 기회로 교육에 참여하게 되고, 마음의 준비도 없이 유튜브 활동을 시작하게 되는 셈이다. 남들은 이미 다 시작해서 열심히 하는데 늦으면 늦을수록 왠지 뒤처지는 느낌 때문이기도 하다. 하지만 언급했듯 정체성이 탄탄한 채널은 절대 뒤처지지 않는다.

이 이야기를 다시 말하는 진짜 이유는 14가지 방법 중 첫 번째로 다룰 '수단 활용'이 채널 기획과 매우 밀접한 관련이 있기 때문이다. 채널의 정체성을 설정하는 '채널 기획' 시 가장 먼저 수립해야 하는 대전제는 바로 '방향 설정'이다. 다소 상투적이고 고루한 단어일 수 있다. 너무 이론적으로 접근한다는 생각이 들 수도 있다.

잠깐 멈춰서 본질적인 부분을 생각해보자. 내가 왜 유튜브를 하는 거지? 하던 일 다 관두고 유튜버가 되는 것이 과연 맞는 건가? 한창 유튜브 활동을 열심히 하는 유튜버들은 다소 의아해할 수 있다. 지금에 와서 갑자기 본질적인 부분을 생각해보라고? 맞다. 채널 성장에 헤매고 있는 우리에게는 절대 늦지 않았고 지금이라도 되뇌어보는 것이 비생산적인 일만은 아닐 것이다. 안타깝게도 우리 유튜버들은 이렇게 배웠었고 생각해볼 여력과 최소한의 시간조차 얻지 못했기 때문이다.

방향 설정에는 단 2가지만 존재한다. 목적 자체와 수단 활용.

유튜브 활용 방법 '목적 vs 수단'

첫 번째, '목적 자체'는 유명 유튜버 자체를 목적으로 두고 유튜버를 하는 것이다.

내가 학업을 통해 배웠던 전공, 비전공, 내가 하던 직업, 일 등은 채널 기획 시 후 순위로 미루고, 유명 유튜버를 목표로 채널과 콘텐츠를 기획한다. 내가 좋아하는 것과 잘하는 것 중심이 아닌, 시청자가 좋아하는 것 위주로 채널을 기획한다.

물론 이러한 콘텐츠 기획은 매우 바람직하다. 내 중심이 아닌 시청자가 좋아할 만한 콘텐츠를 제작하는 식의 '시청자 중심' 측면에서 가장 좋은 선택이라 볼 수 있다. 이런 방향성을 가진 유튜버가 주의해야 할 점은 채널 기획을 탄탄하게 해야 한다는 것이다. 방향, 목적, 목표, 주제, 타깃, 콘셉트 등의 항목을 매우 견고하게 설정해야 한다. 이렇게 설정해서 열심히 채널을 운영해도 분명 딜레마는 생기기 마련이다. 내가 좋아하고 잘하던 것이 아닌 시청자와 구독자가 좋아하는 주제와 소재로 콘텐츠를 만들다 보니, 조회 수 소폭 하락과 구독자 증가가 조금만 정체되어도 유튜버에게는 큰 타격으로 다가올 수 있다. 지금껏 신나게 구독자들이 좋아하는 것들 보여줬는데 이제 흥미를 잃었나 하는 생각이 들고 일부 배신감마저 들 수 있다.

이러한 상황이 유지되거나 반복되면 이때 본질적인 부분을 생각하게 된다. 유튜버로서 자아 성찰의 시간을 갖게 되는 계기가 되기도 한다. 나는 무엇을 위해 달려왔는가? 내가 이 일을 좋아하긴 하는 건가? 나는 유튜버로서 행복한가? 우스울 수도 있지만, 실제 나도 격하게 경험한 감정이다. 그래서 메인 채널은 계속 이어가고 내가 좋아하거나 잘할 수 있는 일을 하는 본인의 '자아실현'은 서브 채널 개설을 통해 이루곤 한다. 또는 성장 정체의 원인을 채널 기획의 항목에서 찾는 것이 아닌 영상 퀄리티, 자막, 효과음, 썸네일, 태그 등에서 찾는다. 원인을 헛짚고 개선을 열심히 해봐도 크게 달라지지 않는다면 쉽게 채널을 포기하게 된다.

두 번째, '수단 활용'은 유튜브를 단순 수단으로만 활용하는 것이다.

유튜버 개개인으로 보면 몇 가지 길이 더 열리는 셈이지만, 전체로 봤을 때는 수천, 수만 가지의 길이 열리게 된다. 우리가 원래 하던 일, 직업, 학업, 취미를 하던 그대로 유튜브에서 이어가면 된다. 동네 세탁소를 운영하는 사장님은 여유시간에 '케첩 묻은 셔츠 얼룩 지우는 방법' 식의 콘텐츠를 만들고 유튜브에 올려서 노하우를 사람들에게 공유한다. 직원 5명의 IT 스타트업을 운영하는 대표는 '왕초보도 쉽게 시작하는 앱 개발'이라는 콘텐츠를 제작한다. 대기업 금융회사에서 근무하는 영업사원은 '○○기업 영업직의 현실 일과'라는 브이로그 콘텐츠를 만든다. 대학교 3학년 A 군은 '독서실에서 함께 집중해서 공부해요'라는 ASMR 형식의 라이브 스트리밍을 3시간 동안 한다. 바이크 동호회에서 활동하는 직장인 B 씨는 '내 애마 내 손으로 싸게 셀프 수리하기' 식의 자가정비 콘텐츠로 노하우를 전달하며 유튜브를 통해 사람들과 정보를 교류한다.

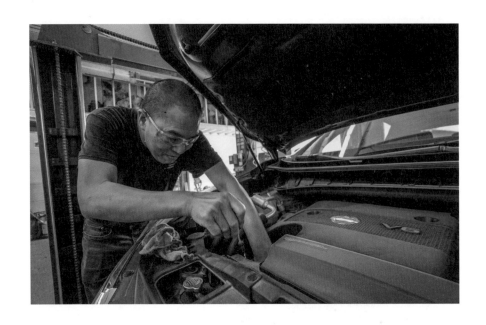

이러한 수단 활용 자체가 유튜버의 첫 번째 수익화 방안이 될 수 있다.

유튜브는 홍보를 위한 수단이 될 수 있고, 고객과의 소통 창구, 취업 수단, 직업 역량 전문화 수단, 취미 정보교류 수단 등이 된다. 유튜브는 다양한 목적과 목표를 실현하기 위해 활용하는 수단으로써, 인스타그램, 블로그, 카페, 아프리카TV 등 여러 플랫폼 수단 중 하나일 뿐으로 인식하는 것이다.

수단으로 활용하는 유튜버가 주의해야 할 점은 본업, 학업 등에 큰 영향을 주지 않는 선에서 콘텐츠를 제작하고 채널을 운영해야 한다. 유튜브에 몰입하다 보면 수단이 아닌 목적으로 주객이 전도될 수 있기 때문이다. 물론 채널이 잘돼서 전업 유튜버로 전업하는 사례도 있으나 그리 흔하지는 않은 것이 사실이다. 그래서 우리는 '생산성'에 주목해야 한다. 콘텐츠를 제작할 때 시간이 불필요하게 많이 들지는 않는지 종종 점검해야 한다. 생산성을 높이는 요소는 다양하다. 촬영 장비를 업그레이드하거나, 효율성 높은 편집프로그램을 유료로 구매하거나, 많이 만들어서 손에 익도록 하는 식의 방법이 있다. 이러한 방법보다는 콘텐츠의 기획적 측면을 최우선으로 생각해야 한다. 시청자가 좋아하는 소재를 선택하고 적합한 형식으로 영상을 뽑아내는 것에만 집중하면 된다. 기획부터 애매하다면 촬영, 편집을 통해서도 콘텐츠는 크게 나아지지 않는다. 이때 왠지 부족한 마음으로 콘텐츠에 자막, 효과음, 짤 이미지 삽입 식의 양념을 치면서 시간적 리소스를 허비하게 되고, 당연히 생산성은 떨어지기 마련이다. 생산성을 높이려면 콘텐츠 기획에 집중하고, 영상 퀄리티를 위해 조성된 PC 작업 환경을 과감히 모바일 환경으로 전환하는 식의 시도를 해야 한다.

유튜브를 수단으로 선택하는 경우 2가지의 놀라운 자유를 얻게 된다.

첫 번째, 수익으로부터 자유로워질 수 있다. 오직 유튜브 조회 수 수익만이 존재하는 유튜버와는 달리 본업, 직업으로 얻어지는 수익이 든든하게 받치고 있기 때문이다. 유튜브는 유튜버의 시간적, 인적 리소스가 들어가는 일이지만, 수단으로 활용하는 유튜버의 시선에서는 단지 '공짜 홍보 마케팅 수단'일 뿐이라 인식한다. 잘 안되면 좋은 경험으로 종료하면 된다. 반대로 잘 되면 홍보 효과를 통해 본업의 매출 증대로 이어질 수 있고 유튜브 조회 수 수익까지 취할 수 있다. 유튜브 수익은 연금처럼 매월 크고 적은 금액이 꾸준히 들어오곤 하는, 캐시카우와 같은 수익이 될 수 있다.

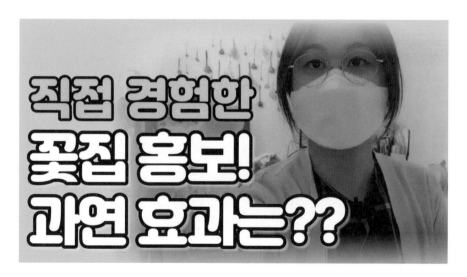

두 번째, 구독자 강박으로부터 자유로워질 수 있다. 경주마처럼 조회 수와 구독자 확보를 위해 앞만 보고 달리는 것이 아닌, 여유롭게 느긋하게 콘텐츠를 기획하고 제

작해서 올리면 된다. 힘이 잔뜩 들어간 상태로 영상을 촬영, 편집하지 않아도 되고 올리고 난 뒤, 다음날 조회 수가 얼마나 올랐는지 주식 차트 보듯 조바심내며 실시간으로 확인하지 않아도 되는 것이다. 수단으로 활용하는 유튜브 채널의 콘텐츠는 비교적 가볍고 힘이 덜 들어간 느낌이 많다. 유튜버의 절실함은 양날의 검처럼 시청자에게 동정을 유발하기도 하지만 반대로 부담을 주기도 한다. 힘이 들어간 콘텐츠는 정성을 느끼게 하지만 편안함을 주지는 않는다. 시청자 시선에서 불편하고 부담스러운 콘텐츠보다 편하게 소비할 수 있는 콘텐츠가 더 낫지 않을까?

수단 활용 채널은 조회 수 강박과 구독자 확보 강박으로부터 자유로워질 수 있다.

우리의 생각보다 훨씬 많고 다양한 분야에서 유튜브를 수단으로 활용하고 있다. 동네 꽃집, 미용실, 자동차 딜러, 프렌차이즈 회사, 화장품제조사, 댄스학원, 게임회사, 프로덕션 등등 헤아릴 수 없을 만큼 방대하다. 현존하는 모든 산업이 유튜브와 같은 1인 미디어 플랫폼을 활용하고 있다. 우리도 이렇게 유튜브를 수단으로 활용하면 되지 않을까? 나 또한 유명 유튜버 자체를 목적으로 하다가 빠르게 사업가로 전환하여 '유튜브'를 수단으로 활용하고 있는 사례 중 하나다.

BUSINESS SCOPE

클라이언트의 유튜브 빌드업부터 라이브 커머스까지 '뉴미디어 비즈니스' 구축을 지원합니다 유튜버 활동으로 얻어진 지식과 노하우, 인프라, 비즈니스 네트워크를 활용하여 1인 미디어 관련 사업을 영위하는 법인사업체를 운영하고 있다. 목적이 아닌 수단으로, 유튜브를 활용하는 시선으로 바라보니 할 수 있는 일이 많아지게 되었다. 즉 시야가 비약적으로 넓어졌다고 볼 수 있다.

이처럼 14가지 수익모델 중 첫 번째 '수단 활용'을 통해 우리가 원래 하던 일을 하면서 유튜브 활동을 하면 된다. 조회 수, 구독자의 강박으로부터 자유롭고 수익의 안정화까지 추구할 수 있다는 점을 염두에 두고 고려해보기 바란다.

매월 따박따박 들어오는 유튜브 조회수 수익

03 YouTube 애드센스 광고 수익

✎ YouYube 애드센스 광고 수익 ✎

14가지 수익모델 중 두 번째인 유튜브 애드센스 광고 수익은 유튜버가 기대하는 가장 기본적인 수익원으로써, 다수 유튜버에게 유일무이한 수익원으로 여겨지기도 한다. 유튜브의 한해 광고 매출은 19조 원에 육박한다. 가늠하기 어려운 수준의 천문학적인 매출액이다. 유튜브의 광고 매출은 유튜브가 45%를 가져가고 유튜버가 55%의 비율로 배분된다. 모든 유튜버가 광고 수익을 배분받는다고 가정하면 전 세계 유튜버의 애드센스 광고 수익은 10조 원에 달한다.

유튜브 동영상 조회 수 수익 배분의 구조를 정리해 보자면, 유튜버가 영상 콘텐츠를 올리고, 유튜브 시스템은 동영상 길이에 따라 삽입할 광고의 수를 정하고 동영상이 재생되는 동안 적당한 타이밍에 광고를 삽입한다. 또한, 동영상의 주제에 따라 톤앤매너에 맞는 광고가 삽입되며, 자동으로 영상별 광고들이 노출된다. 얼마나 많은 시청자가 얼마만큼 오래 시청했는지 등 사용자로부터 광고가 소비된 기준으로 배분한다. 유튜브 상에서 표기되는 구글 광고의 노출, 클릭 등에 따라 광고주에게 과금 되는 광고비를 유튜버에게 일부 배분해주는 것이다.

좀 더 자세히 말하자면 구글은 '구글애즈 (구. 애드워즈)'라는 광고 집행 플랫폼을 통해 광고주가 입력한 텍스트, 배너 이미지, 동영상 등 다양한 유형의 광고를 웹사이트, 블로그, 유튜브 영상, 모바일 앱 등의 온라인 공간에 노출하고, '애드센스' 시스템을 통해 영상 포함 콘텐츠 제공자 즉 유튜버에게 구글의 광고 수입을 배분해준다. 애드센스는 콘텐츠 및 방문자를 기준으로 관련성 높은 광고를 게재하는 방식으로 작동하므로, 광고주로서는 전환율이 높은 잠재고객에게 자동으로 타깃팅 되는 효과를 얼을 수 있다.

애드센스 수익은 시청자가 광고를 얼마나 시청했는지와 유튜브 프리미엄 정기 구독자가 영상을 얼마나 시청했는지에 따라 결정되기 때문에 유튜브 채널의 구독자 수와는 직접적인 관계가 없다. 물론 구독자가 많은 채널에서는 새 동영상이 릴리즈 되었을 때 구독자에게 전달되는 알림과 노출을 통해 시청하는 기본적인 시청자 모수가 많기에, 애드센스 수익도 높게 나오기가 쉬운 편이다. 구독자가 많지 않은 채널에서 인기 동영상 하나로 높은 애드센스 수익을 올리는 경우도 비일비재하다.

애드센스 수익은 구독자 규모와 비례하는 것이 보통이지만, 소규모 채널임에도 막대한 수익을 올리는 채널도 꽤 많다. 애드센스 수익의 차이가 나는 이유는 광고와 동영상 본편의 시청시간 외에도 시청자의 지역별로 애드센스 광고 단가가 다르기 때문이다. 애드센스 광고 단가는 지역별 해당 지역의 광고주가 얼마나 많은 유튜브 광고를 게재하는지에 따라 시세가 변동되는 입찰 방식으로써, 대체로 온라인 광고가 발달한 지역일수록 높은 광고비가 형성되어 있다. CPM (Cost per mile) 단가, 즉 콘텐츠가 일천 번 노출될 때의 비용은 한국이 2.4불, 호주가 7.8불, 미국 4.5불, 영국이 3.2불 수준으로써, 조회 수 1회당 한국 기준으로 약 2.9원으로 알면 된다.

YouTube 애드센스 자격조건 및 주의점

　물론 안타깝게도 모든 유튜버가 수익을 배분받을 수 있는 것은 아니다. 광고 수익을 배분받을 수 있는 유튜브 파트너 프로그램에 가입하려면 최소의 자격 요건을 갖춰야 한다. 구독자 1천 명 이상과 누적 시청시간 4천 시간 이상을 달성해야 한다. 이미 수익배분 자격을 갖추고 파트너 프로그램에 가입된 유튜버로서는 힘들었던 시간으로 기억될 듯하다. 가장 어렵고 힘든 구독자 확보 구간이 바로 1명에서 1천 명으로 만드는 것이기 때문이다. 예비 유튜버이거나 1,000명의 미만의 구독자를 가진 유튜버라면 다음 2가지 사항을 주의해야 한다.

참여 시 필요한 최소 자격요건

1. 모든 YouTube 채널 수익 창출 정책을 준수합니다.
   - YouTube 채널 수익 창출 정책이란 YouTube에서의 수익 창출을 허용하기 위해 마련된 정책 모음입니다. YouTube 파트너는 YouTube에서 수익을 창출하려면 YouTube 파트너 프로그램 정책을 포함한 계약에 따라 이 수익 창출 정책을 준수해야 합니다.
2. YouTube 파트너 프로그램이 제공되는 국가/지역에 거주합니다.
3. 채널에 활성 상태의 커뮤니티 가이드 위반 경고가 없습니다.
4. 최근 12개월간 공개 동영상의 유효 시청 시간이 4,000시간을 넘습니다.
5. 구독자 수가 1,000명을 초과합니다.
6. 연결된 애드센스 계정이 있습니다.

　첫 번째, 구독자 1천 명 만들기다. 구독자 확보를 위해 온갖 어그로, 이슈, 위해성, 저작권위반 등의 논란이 있는 콘텐츠에 몰입되면 안 된다. 앞서 말한 채널 기획을 탄탄히 해서 유튜브의 기초를 튼튼하게 세워야 한다. 이러한 기반하에 콘텐츠를 만들어 시청자들에게 제공해야 한다. 시청자들은 건강한 콘텐츠를 소비하고 공감, 교감, 공유하며 우리 채널의 구독자가 된다. 이러한 기반 없이 시작하는 유튜버에게 구독자 한명 한명을 늘리는 것은 너무나 어려운 일이다. 구독자 500명을 가진 나노급 채널도 존경의 시선으로 바라보게 될 정도도. '영상 콘텐츠 하나는 터지겠지'라는 염원과 희망으로 우리는 여러 주제와 소재를 선택해가며 다양한 콘텐츠를 선보인다.

　이마저도 유의미한 조회 수와 구독자가 붙지 않으면 숨겨뒀던 최후의 비법을 사용하게 되는 것이 바로 맞구독이다. 답답한 마음에 네이버와 같은 포털사이트에 '유튜브 구독자 늘리기'를 검색해보니 유튜브 맞구독 카페와 사이트들이 눈에 띈다. 카페에 회원가입을 하고 등업을 하고 모르는 사람들 그리고 내 관심사와는 상관없는 채널들과 맞구독을 하게 된다. 카페가 아닌 사이트는 더욱 전문적이다. 맞구독 사이트의 경우 내 채널을 등록하고 활동을 시작한다. 타 채널을 구독하며 수십 수백 개의 다양한 채널을 구독한다.

구독을 통해 확보된 포인트로 내 채널을 구독채널 슬롯에 올려둔다. 하루가 지나보니 구독자가 30명이 늘어나 있다. 놀라움도 잠시, 바로 해당 사이트에 홀린 듯 들어가서 포인트를 쌓고 내 채널의 구독자를 늘리는 행위를 반복한다. 포인트가 더디게 쌓이는 것이 느껴질 때 즈음, 해당 사이트는 귀신같이 알고 유료결제를 통한 포인트 충전을 요구한다. 내 유튜브 채널에 구독자가 붙는 일인데 이 정도 유료결제는 아무것도 아니라는 생각에 결제하고 구독자를 쌓아간다. 어느새 구독자가 200명이 되었다. 그 누가 이 유혹에 안 넘어갈 자신이 있을까?

결론부터 말하자면 맞구독의 마지막은 대부분 유튜브 채널 운영을 접는 것으로 끝이 난다. 왜 그럴까? 유튜브는 노출 클릭률과 시청시간 지속률을 중요한 기준으로 콘텐츠와 채널을 평가한다. 보통 맞구독을 하게 되면 내가 구독한, 내 관심사와 거리가 먼 채널에 콘텐츠가 올라와도 클릭조차 하지 않는 게 일반적이다. 반대로 맞구독 시스템에 의해 나를 구독한 200개의 채널도 내 콘텐츠에 관심이 없는 것은 마찬가지다. 구독해주고 구독받는 소기의 목적을 달성했기 때문에, 콘텐츠 조회 수를 높여줄 이유와 해당 영상을 오래 시청할 의무가 전혀 없는 것이다. 유튜브 시스템은 우리의 생각보다 섬세하고 치밀하고 굉장히 기민하게 작동된다.

해당 채널의 구독자는 200명인데 영상 올릴 때마다 조회 수는 현저히 낮고 그나마 조회한 사람들의 시청시간도 낮다면 유튜브 시스템이 이상하게 생각하지 않을까? 유튜브가 주목하는 노출 클릭률과 시청시간 지속률이 낮다는 것은 곧 '안 좋은 콘텐츠'로 인식한다. 안 좋은 콘텐츠들이 잔뜩 모여있는 채널의 노출 등급에도 당연히 영향이 가기 마련이다.

금융 쪽 신용도와 유사하다고 생각하면 쉽다. 예를 들어, 아무런 요행과 편법을 쓰지 않고 정공법으로 운영하는 채널은 신용도가 C 등급부터 시작한다. 반면 맞구독 등을 통해 여러 지표가 좋지 않은 채널은 신용도가 D 마이너스 등급이다. C 등급은 다소 더딜 수 있으나, 천천히 또는 급격하게 상승할 무한한 가능성이 있다. D 마이너스 등급은 이미 바닥을 친 신뢰를 회복하기 위해 여러 노력을 해보지만 한번 무너진 신용도를 끌어올리는 것은 너무나 어려운 일이다. 그래서 이와 같은 채널들은 콘텐츠를 다 삭제하는 초강수를 두어 다시 시작하는 것보다, 새로 채널을 개설하는 편이 신용도 측면에서 더 낫다고 볼 수 있다.

두 번째, 시청시간 4천 시간 채우기다. 우여곡절 끝에 구독자 1천 명을 채웠음에도 불구하고 전체 시청시간이 부족해 파트너 자격 요건을 못 갖추는 일도 비일비재하다. 시청시간을 채우기 위한 편법도 당연히 존재한다. '시청시간 4천 시간 만들어드립니다, 16만 원부터!'라며 홍보하기도 하고, 라이브 스트리밍에 시청자를 인위적으로 유입시켜서 보게 하고 유튜버에게 돈을 받기도 한다. 물론 수익금 일부는 라이브 시청자들에게 리워드 해주는 식으로 광고대행사 등에서 하나의 서비스 프로그램으로 제공하고 있다. 이런 편법 또한 유튜브 파트너 자격 요건을 목전에 앞둔 유튜버로서는 엄청난 유혹임에는 분명하다.

혹여나 이런 방법을 써볼까 고민하는 사람에게 묻는다. 계속 돈 써가며 시청시간을 늘릴 것인가? 자격 요건 충족한 뒤에도 시청시간 늘리는 광고비로 20만 원을 쓰고 애드센스 수익으로 10만 원 받는 것이 우리의 목표일까? 이런 방법은 애초에 염두조차 하지 않는 것을 권한다. 처음 시도하기가 어렵지 한번 해보면 다음부터는 쉬워지는 것이 사람들의 심리다. 물론 죄의식도 사라지고 본인만의 합리화도 심해진다. 결정적으로 이러한 편법을 통해 '맞구독'과 인위적 '시청시간 늘리기'는 채널 전체 지표에 반짝 도움을 줄 뿐, 이들이 몰려왔다가 더는 들어오지 않게 되면 채널의 지표들은 곤두박질치게 된다. 유튜브 알고리즘 시스템은 이러한 마이너스 성장 추이의 채널을 가만히 둘리 없다. 노출 자체를 해주지 않는다는 측면에서는 채널을 가만히 두는 것이 맞는 표현일 것이다. 영상 콘텐츠의 노출 빈도를 줄이고 추천비율도 점점 낮추게 되면서 채널은 끝도 없이 추락하게 된다. 유튜브는 '몇 개월 하다가 안 되면 접자'라는 생각으로 한탕을 노리지 말자. 내가 유튜버를 하게 된 이상 마우스를 놓는 그 날까지 오래 한다는 생각에 활동해야 한다. 정공법으로 활동해야 한다.

우리는 애드센스 광고 수익의 구조와 유튜브 파트너 자격 요건 충족을 위해 어떤 점을 유의해야 하고 어떤 스탠스로 충족 목표를 위해 유튜버 활동을 해야 하는지에 대해 알아봤다. 애드센스 광고가 유튜브에서 가장 기본적인 수익은 맞지만 유일한 수익은 아니라는 점을 기억하기 바란다.

구독자와 수익까지 확보하는 최고의 유튜브 툴

04 YouTube 쇼츠 펀드 수익

15가지 수익모델 중 세 번째는 유튜브 쇼츠 펀드 수익이다. 유튜브 숏폼 콘텐츠 기능인 쇼츠(Shorts)의 경쟁 플랫폼과 서비스는 숏폼 플랫폼의 대표 격인 '틱톡'과 인스타의 '릴스'다. 이번 챕터에서는 아직 쇼츠 기능을 활용하지 않는 유튜버들을 위해 쇼츠의 성장 배경, 추세, 활용법 등을 수익 창출 방안과 함께 다루도록 하겠다.

쇼츠는 최근 월간 활성 이용자 수(MAU)가 15억 명을 돌파하며 폭발적인 성장세를 나타내고 있다. 틱톡이 월간 활성 이용자 수 10억 명을 확보하는데 걸린 기간은 5년이지만, 쇼츠는 2020년 인도에서 베타 서비스를 시작으로 글로벌 서비스를 거쳐 불과 2년 남짓한 기간에 MAU 15억 명을 만들어낸 점이 쇼츠의 초고속, 초고도 성장세를 가늠할 수 있는 방증이다.

왜 이렇게 폭발적인 성장을 할 수 있었을까?

우선 유튜브가 동영상 공유 플랫폼 중 압도적인 1위에 안주하지 않고 더 높은 성장을 위해 지금도 여전히 분주하게 움직이고 있다는 점에 주목해야 한다. 동영상 공유 플랫폼 1위라는 타이틀은 '동영상 공유 분야만 1위'라는 다소 아쉬운 점으로 유튜브가 받아들이는 듯 보인다. 그래서 유튜브 플랫폼이 가지지 못 한 분야로의 확장을 지속해서 모색해왔고, 페이스북 인스타의 게시물 공유 기능을 유튜브 '커뮤니티'에 안착시켜서 이미지, GIF, 텍스트의 게시물과 투표 기능을 대폭 활성화하는 중이다. 또한, 숏폼 콘텐츠는 틱톡, 일반 영상은 유튜브라는 사용자의 관념 탈피를 위해 쇼츠 기능을 출시하고 조회 수와 구독자가 쇼츠에 몰리게끔 공격적으로 유튜브 알고리즘에 노출하고 있다.

유튜브라는 거대한 플랫폼의 기획력, 추진력, 실행력, 그리고 점유율과 장악력까지, 이러한 광폭 행보들로 인해 가끔은 유튜브가 무섭다는 생각이 들기도 한다.

이러한 유튜브의 쇼츠 밀어주기 전략으로 짧은 숏폼 콘텐츠의 노출 빈도가 잦아지면서 사용자의 수요가 급증했다. 수직 상승하는 수요에 맞춰 유튜버들은 쇼츠 콘텐츠를 대량으로 공급했다. 쇼츠를 통해 기존에 경험할 수 없었던 높은 조회 수와 많은 구독자를 확보하는 채널이 많아지고, 쇼츠만으로 유명세를 치르는 채널들이 빠르게 증가했다. 심지어 쇼츠 전용 채널을 만드는 유튜버들도 늘어나는 추세다. 가뜩이나 일반 영상 콘텐츠 제작과 조회 수, 구독자 증가 정체에 고전하던 유튜버에게 하나의 돌파구가 열린 셈이다.

수요가 급증한 이유는 당연히 유튜브가 쇼츠를 마음먹고 노출하는 것이 가장 주요하다고 볼 수 있다. 여기에 유튜브 사용자들은 긴 영상에 몰입하지 않고 가볍게 짧은 영상을 보고 싶을 때, 출퇴근할 때, 시간이 잠시 뜰 때 등 시공간의 제약이 있는 환경에서 숏폼 영상을 보고 싶은 니즈가 더해진 것이다. 그리고 이미 틱톡, 릴스를 통해 숏폼 콘텐츠에 대한 익숙함과 학습이 되어 있는 상태라 유튜브 사용자들이 빠르게 수용했다는 점도 한몫을 한다.

자, 우리 유튜버는 쇼츠를 안 할 이유가 없다. 무겁지도 않고 어렵지도 않다. 쇼츠 영상은 어떻게 만드는지 가볍게 알아보자. 쇼츠 동영상은 유튜브에서 제공하는 쇼츠 동영상 제작 도구를 사용하거나, 직접 편집해서 만들 수 있다.

쇼츠 동영상 제작 도구는 모바일 기기에 제공된다. 스마트폰에서 유튜브 앱 – 만들기 – 쇼츠 동영상 만들기에 들어가서 녹화할 수 있다. 녹화 버튼 위의 '15초'를 탭하여 최대 60초까지 녹화하면 된다. 녹화 중 음악 추가, 녹화 속도 조정, 타이머로 녹화, 필터 적용 등의 기능도 제공한다. 영상이 마음에 들지 않을 경우 '다시 시작'을 탭해서 재촬영할 수 있고, 녹화가 만족스럽다면 '초안으로 저장' 탭해서 카메라를 종료한다.

저장된 초안을 보며 쇼츠 편집기로 수정을 할 수 있다. 제공되는 편집 기능은 사운드 추가, 텍스트 추가, 타임라인 조정 등이다. 편집이 완료된 쇼츠 영상은 유튜브 앱의 만들기 – 동영상 업로드로 들어가서 화면 비율이 정사각형 또는 세로 비율인 동영상을 선택한다. 쇼츠 영상의 제목과 공개 범위 설정을 비롯한 세부정보를 입력한 뒤 아동용 콘텐츠 여부를 선택하고 업로드를 탭하여 동영상을 게시하면 된다.

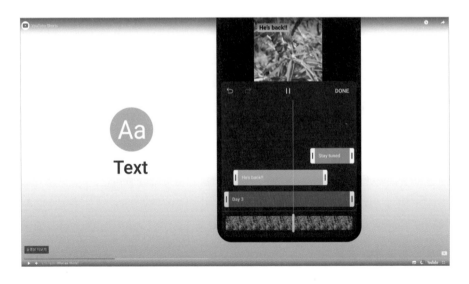

쇼츠 카메라가 아닌 스마트폰 카메라, 미러리스, 캠코더 등 다른 카메라로 촬영하고, 프리미어 등의 편집 프로그램으로 만든 쇼츠 영상을 PC로 업로드하는 방법은 모바일 기기 업로드와 같다. 조건은 최대 60초 미만의 길이이며, 화면 비율이 정사각형 또는 세로 비율인 동영상이어야 한다. 그리고 제목 또는 설명에 #shorts 해시태그를 포함하면 유튜브에서 쇼츠 동영상이 추천되는 데 도움이 될 수 있다고 유튜브 쇼츠 메뉴얼에 명시되어 있다.

쇼츠 영상이 붐업될 수 있는 몇 가지 간단한 팁을 주겠다.

첫째, 최대한 자주, 많이 올리자. 많은 시청자가 소비할 확률이 높아지도록 단순히 모수를 늘리는 차원이다. 일반 영상 콘텐츠를 1일 1개 올리는 리소스와 작업 강도는 상당한 부담으로 다가오지만, 쇼츠 영상은 소재와 아이디어만 있다면 매우 쉽고 빠르게 제작할 수 있다는 점이 일반 콘텐츠와 대치되는 부분이다.

둘째, 설명 입력에 큰 힘을 들이지 말자. 설명을 사용하면 콘텐츠에 관한 더 자세한 정보를 제공할 수 있지만, 쇼츠 시청자가 설명을 볼 가능성은 동영상 제목과 몇 초 동안의 도입부에 비해 훨씬 적기 때문에 제목과 도입부에 집중하는 것이 좋다.

셋째, 영상 도입부에 집중해서 만들자. 시청자가 스크롤할 때 관심을 끌기 위해서는 동영상의 처음 몇 초 내에 시청자의 시선을 사로잡아야 한다. 쇼츠 피드에는 썸네일이 없으므로 도입부가 무척이나 중요하다. 대담한 영상미, 독특한 편집, 인기 오디오를 포함하는 것도 좋은 방법이 될 수 있다.

넷째, 연속 재생 효과를 공략하자. 동영상이 시작하고 끝날 때 같은 장면과 오디오를 사용하면 시청자의 반복 시청을 유도하여 시청시간을 늘릴 수 있다. 이는 시청시간 지속률을 100% 이상으로 높여줄 수 있는 유용한 전술이다.

다섯째, 밈을 활용하자, 유튜브에서는 밈이 끊임없이 스트리밍된다. 최신 밈 트렌드를 활용해서 쇼츠 시청자의 이목을 끌고 채널 구독까지 이어지게끔 하자.

이제 쇼츠 수익모델에 대해 알아보자. 쇼츠는 최근까지 베타 서비스였고 이렇다 할 수익배분 시스템이 갖춰지지 않은 것으로 인식되었다. 또한, 빠르게 재생되는 짧은 동영상에 스킵 광고나 중간 광고를 삽입할 수 없는 로직으로 광고 수익 배분이 불가하다는 고정관념도 있다.

유튜브 측은 쇼츠 영상 제작자이자 공급자인 우리 유튜버의 보상을 위해 총 1억 달러 (우리 돈 1천150억) 규모의 펀드를 조성했다. 유튜브는 조달한 자금으로 쇼츠 영상 제작 채널에 매월 100에서 10,000달러 상당의 보너스 금액을 지급한다. 영상 조회수, 시청자 호응도, 시청시간 등 쇼츠 발전 기여도에 따라 매월 정해진 지원 금액을 채널별로 차등 지급한다.

이는 유튜브가 펀드 조성을 통해 쇼츠 크리에이터를 지원하는 첫 번째 단계이며, 지난 몇 달간 수천 명의 채널이 쇼츠 지원금을 받았으며, 쇼츠 지원금 지급 대상을 확대하고 지원 금액을 증액할 계획이라 밝혔다. 또한 자격 요건을 충족하지 못했던 채널에 100달러 미만의 지원금을 지급하고, 기여도가 높은 채널에는 10,000달러가 넘는 지원금이 지급될 수 있다고 공지했다.

유튜브 측에서 쇼츠를 지원하는 다음 스텝은 펀드 추가 조성과 쇼츠 광고 도입에 의한 수익 배분으로 예상된다. 최근 유튜브는 쇼츠에 광고를 시범 운영하고 있고, 광고주들의 피드백과 결과에 고무됐다고 말한 바 있다. 앞으로도 쇼츠는 유튜브의 전폭적인 투자와 지원에 따라 확장, 성장할 수 있는 유튜브 핵심 기능으로 자리 잡을 가능성이 크다. 우리도 이 쇼츠 광풍의 기류에 올라타서 조회 수, 구독자 확보, 그리고 수익까지 올리기 바란다.

CHAPTER 생각보다 쏠쏠한 수익원이 되는 라이브 스트리밍

05 YouTube 슈퍼챗 수익

✎ YouTube 슈퍼챗 수익 (feat.라이브 스트리밍) ✎

5가지 대분류 중 두 번째인 팬덤 수익에 대해 알아보겠다. 팬덤 수익은 아프리카TV의 별풍선과 유사한 유튜브 슈퍼챗과 슈퍼땡스, 유튜브 채널 멤버십, 유튜브 채널 외의 도네이션 플랫폼을 통한 후원이 있다. 이러한 수익모델은 높은 인기를 갖췄을 때 유리한 만큼 연예인과 같은 뛰어난 외모나 매력, 재능 등이 필수 요소다. 수익모델의 특성 또한 연예인과 비슷한 점이 많아 기본적으로 팬과의 관계 형성 및 유지가 매우 중요하다. 또한, 유튜버를 관리하고 매니지먼트 하는 MCN 회사와 계약하여 팬덤 수익에 관한 전문적인 도움을 받는 경우 더욱 높은 수익을 기대해볼 수 있다. 하지만 이러한 팬덤 수익은 비단 유명 유튜버와 인플루언서에게만 해당하는 것이 아니다. 우리도 즉시 이러한 팬덤 수익을 올릴 수 있다.

'저는 구독자가 너무 적고 딱히 팬도 없는 거 같아서요.'라며 팬덤 수익에 대한 회의감을 드러낼 수 있다. 한번 생각해보자. 팬덤 수익을 위해서는 팬이 있어야 한다. 팬은 곧 진성 구독자다. 진성 구독자는 구독 이후 꾸준하게 우리를 지지한다. 그래서 앞서 시청자를 구독자로 만들고, 일반 구독자를 진성 구독자로 만들기가 정말 중요하다고 말한 이유가 이러한 팬덤 수익을 올리기 위함에서다. 높은 인기의 규모 있는 채널만이 팬덤 수익을 점유하던 시기는 지났고, 유튜브 콘텐츠와 라이브를 통해 후원하는 문화와 인식이 대중화된 지금은, 작은 채널이라도 팬덤 수익창출이 얼마든지 가능하다. 우리는 챕터1 에서 아무리 강조해도 지나치지 않은 채널 기획 정체성 설정에 의한 진성 구독자 확보 전략을 계속 되뇌어야 한다. 여러 수익화의 근간은 바로 탄탄하게 설계된 채널과 가치 있는 콘텐츠이기 때문이다.

그럼 팬덤 수익의 첫 번째 슈퍼챗에 대해 알아보겠다.

슈퍼챗은 최소 금액 1천 원부터 최대 50만 원까지 후원할 수 있으며 하루 최대 후원금은 50만 원이다. 유튜버는 후원금의 70%를 배분받게 된다. 슈퍼챗은 유튜브 라이브 스트리밍 중에만 사용할 수 있으며 시청자가 지불하는 금액에 따라 시청자의 채팅 메시지에 색상을 입혀 강조해주고, 일정 시간 동안 상단에 고정되어 유튜버와 소통할 때 주목받을 수 있게 해준다. 슈퍼챗 기능 출시 이후 슈퍼챗 수익 발생 채널이 10만 개를 넘어섰고 일부 라이브에서는 분당 1시간에 3천만 원이 넘는 수익을 벌어들인 사례도 있다.

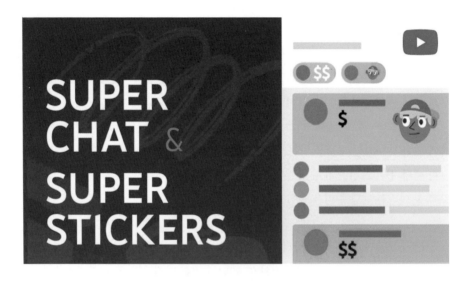

우리는 슈퍼챗을 활용해 부가적인 수익을 창출할 수 있다. 슈퍼챗은 유튜버와 시청자 간의 커뮤니케이션을 돕는 후원 프로그램이지만 많은 시청자가 주목하는 라이브 스트리밍에서 적절히 사용할 경우 높은 효율의 광고 효과를 볼 수 있다. 즉 유튜브 라이브 스트리밍의 채팅창이 광고주에게는 훌륭한 광고판이 될 수 있다는 것이다. 그래서 유튜버는 슈퍼챗을 기업들이 광고 수단으로 활용할 수 있도록 사전에 라이브 스트리밍 시간을 예고하고, 해당 라이브의 주제, 톤앤매너에 적합한 광고문구를 슈퍼챗에 걸어두고 노출한다. 다만 시청자 다수가 유튜버와의 소통을 원해서 라이브 스트리밍을 시청하고 채팅에 참여한다는 점을 고려할 때, 유튜버를 후원한다는 슈퍼챗 본연의 목적에서 크게 벗어나는 광고를 노골적으로 집행하면 안 된다. 오히려 브랜드에 대한 시청자들의 거부감과 반감을 불러일으킬 수 있으므로 유튜버는 광고 선택을 신중하게 선택해야 한다. 시청자들이 광고 채팅에 거부감을 느껴서 스팸 신고할 경우 유튜브 알고리즘의 검토를 거쳐 해당 라이브 스트리밍 방송 전체에서 더 이상의 채팅이 불가해질 수 있는 점은 특히 주의해야 한다. 따라서, 유튜버가 라이브 스트리밍에서 슈퍼챗을 활용한 기업의 광고를 유치하려면 해당 방송이 유료 광고를 포함하고 있음을 시청자들에게 적극적으로 알리고, 기업 또한 불쾌감을 주는 노골적인 광고보다는 방송 내용과 연결되고 되도록 재미있는 표현으로 광고를 하는 것이 좋다.

'구독자 수가 작고, 진성 구독자도 별로 없는데 라이브 하면 아무도 안 들어올 것 같아서요'라고 생각할 수 있다. 그 마음 충분히 공감한다. 나도 이러한 두려움으로 라이브 방송을 회피하다가 구독자가 1만 명 수준이 됐을 때 한번 해봤으나 역시나 상심이 컸던 기억이 있다. 1만 명이니까 그래도 최소 1%는 들어오지 않을까? 100명은 들어와야 한다는 나만의 생각으로 잔뜩 기대했던 모양이다. 동시접속 20명 수준이고 총 시청자는 200명 수준이었다. 더욱 안타까웠던 것은 대부분 체류 시간이 길지 않아 들어오고 나가기를 반복하며 동시접속 10명에서 20명 사이가 유지되었다는 점이다. 내 채널의 구독자가 1천 명 미만일 경우 라이브 하기가 더욱 꺼려질 것이다. 내 사례처럼 1만 명이 되어도 드라마틱한 라이브 시청자 수는 나오지 않는다. 10만 명이 되면 10배가 늘어났으니 동시접속 200명이 될까? 200명이 안 될 수도 있다. 결국, 라이브 시청자는 내 채널의 진성 구독자 수에 비례한다. 구독자 100명이어도 팬 비율이 높다면 10명이 들어와 오랜 시간 체류하고 채팅창을 가득 메워가는 식의 매우 알찬 라이브가 될 것이다.

또한, 루틴하게 올리는 콘텐츠 전략에도 영향이 있다. PPT 프로그램을 알려주는 유튜브 채널 A는 PPT의 A부터 Z까지 매우 꼼꼼하게 하나하나의 기능과 활용 사례에 대한 콘텐츠를 유튜브에 올린다. 한 권의 PPT 책으로 만들고도 남을 수준의 세부 정보다. 이런 유튜버가 라이브를 켰을 때 보여줄 히든 기능과 노하우가 남아있을까? 이미 영상 콘텐츠에 다 풀어놨기 때문에 라이브로 보여줄 수 있는 정보가 없는 것이다. 채널 기획 시 콘텐츠 전략을 잘 설계한 유튜버는 영상 콘텐츠를 통해 후킹하고 본 내용의 1, 2단계만 보여준다. 이후 해당 콘텐츠의 절정인 3단계는 라이브를 통해 소통하며 보여주는 전략을 구사한다. 라이브 자체의 희소성이 생기는 것이다. 라이브 이후 1시간 분량의 콘텐츠는 자동 업로드되지 않도록 설정한다. 즉 핵심 기능과 노하우를 라이브에서만 볼 수 있게끔 희소성을 만드는 것이다.

규모에 상관없이 라이브 방송을 꼭 시작해야 하는 이유

진성 구독자도 없고 사람도 안 들어올 거라는 두려움이 크면 클수록, 더욱 라이브를 시작해야 하는 몇 가지 이유를 말하겠다.

첫 번째, 라이브는 부담스러운 일이라는 인식을 줄일 수 있다. 라이브를 통해 영상 콘텐츠로 보여줄 수 없었고 표현하기 어려웠던 내용을 알려주거나, 뭔가 엄청난 것들을 준비하는 유튜버들이 있다. 반면 이런 거창한 콘텐츠 없이 가볍게 라이브를 켜서 개인 일상과 해당 주제에 대한 생각 등 시시콜콜한 내용으로 라이브를 하는 채널들도 꽤 많다. 둘 중 뭐가 정답인지는 모른다. 채널 주제, 소재, 콘셉트 등에 따라 라이브의 성격이 현저히 다를 수 있기 때문이다. 한가지 정확한 것은 예상대로 라이브 시청자가 들어오지 않아서 소위 '폭망' 했을 때의 타격은 무언가를 열심히 준비한 쪽이 훨씬 더 크다는 사실이다. 그래서 가볍게 내려놓고 라이브 하는 것을 권한다. 거창하게 무언가를 실시간으로 한다, 라이브니까 실수하면 안 된다 등의 불필요한 생각은 접어 두고, 1시간 정도 구독자와 수다 떨며 소통한다는 생각으로 라이브를 시작하면 된다.

두 번째, 지금부터 라이브 시청자를 한명 한명 늘릴 수 있다. 소규모 유튜버가 라이브를 시작하면 시청자가 한 명도 안 들어오고 들어왔다가 사람 없는 거 보고 그냥 나간다고 한다. 지극히 너무 당연한 일이다. 우리뿐만 아니라 수많은 작은 규모의 채널들이 경험하는 일이다. 여기에 익숙해져야 한다. 몇 명이 들락날락하며 1명이 말을 걸어도 즉각 대응하기보다는 가볍고 여유 있게 응대하면 된다. 제발 나가지 마시고 말 걸어달라는 뉘앙스를 풍기면 부담스러워서 나가버리는 것이 시청자 청개구리 심리다. 1명과 이런저런 얘기를 나누다 보면 다른 사람도 분명 대화에 끼게 될 것이다. 이럴수록 더욱 유연하고 편하게 대화해야 하고 그들이 하는 말을 경청하며 귀 기울여야 한다. 단 1명이어도 진정성 있게 소통하다 보면 하나둘씩 채팅에 참여하는 사람은 늘어나게 될 것이다.

세 번째, 유튜브는 라이브 하는 채널을 좋아한다. 유튜브의 목표는 유튜브에 더욱 많은 사람이 오랜 시간 머물게끔 하는 것이다. 그래야 광고도 더 노출하고 유튜브 프리미엄 구독도 끌어낼 수 있기 때문이다. 유튜브는 왜 라이브를 좋아할까? 일반 영상 콘텐츠의 패턴은 영상을 본 구독자가 댓글을 달고 그 댓글에 유튜버는 답글을 단다. 영상 - 댓글 - 답글은 한 템포 씩의 텀이 있다. 라이브는 수많은 대화 속 문의, 답변, 추가의견 등 즉각적인 시청자의 반응과 호응을 볼 수 있다. 1개의 콘텐츠를 끝까지 본다는 가정 하, 5분 분량 영상은 5분을 체류하게 하지만 1시간 분량 라이브는 유튜브에 1시간을 머물게 한다. 영상은 몇 개 보다가 선택적으로 유튜브를 종료하면 되지만, 라이브는 즉각적인 소통과 실시간 대화를 통해 쉬운 이탈을 방지하기도 한다. 이러한 라이브의 특성으로 유튜브, 인스타, 페이스북 등과 같은 플랫폼이 라이브 스트리밍 서비스를 공격적으로 확대하는 이유가 여기에 있다. 그리고 유튜브 라이브를 자주 하는 채널은 라이브 및 콘텐츠 노출도에 가점을 준다.

구독자를 어느 정도 채워서 시작하기보다는, 당장 오늘부터 가볍게 라이브 하는 것을 권한다. 지금 이 순간에도 진정성있는 소통을 원하는 시청자들이 우리의 라이브 ON를 원하고 있을지 모른다.

구독자가 곧 든든한 후원자가 되는 팬덤 수익
YouTube 슈퍼땡스, 도네이션 수익

✏ YouTube 슈퍼땡스 ✏

슈퍼챗 외 팬덤 수익인 슈퍼땡스, 도네이션, 채널 맴버십 수익에 대해 알아보겠다

팬덤 수익의 두 번째인 슈퍼땡스는 팬이 유튜버의 활동에 감사를 표현하는 동시에 채널 후원에 대한 인정도 받을 수 있는 기능이다. 유튜버의 측면에서는 팬덤 수익의 새로운 수단이기도 하다. 유튜브 라이브 스트리밍을 놓친 구독자는 릴리즈 된 영상에 슈퍼땡스로 후원할 수 있다.

한국 기준 슈퍼땡스 금액은 정해져 있으며 2,000원, 5,000원, 10,000원, 50,000원으로 총 4개다. 시청자, 구독자는 금액을 선택해서 유튜버에게 후원할 수 있다. 미 구독 상태의 시청자여도 해당 영상 콘텐츠가 본인에게 큰 도움이 되었다거나, 구독자가 해당 유튜버의 콘텐츠와 채널을 응원하는 마음으로 슈퍼땡스를 이용하게 된다. 이런 후원을 통해 유튜버에게 감사한 마음을 표하고, 유튜버와 더욱 친밀한 유대감을 형성하는 좋은 도구가 될 수 있다.

슈퍼땡스도 유튜브 파트너 프로그램 가입자격 요건과 같은 구독자 1천 명과 시청 시간 4천 시간을 충족할 경우 자격이 부여된다. 자격이 부여되면 유튜브 스튜디오 – 수익창출의 상단 슈퍼 탭으로 들어가서 안내문 아래에 있는 '시작하기'를 클릭한다.

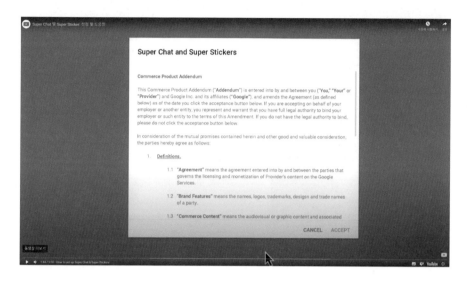

약관을 살펴보고 이름, 이메일주소 등을 입력한 뒤 동의 버튼을 누르면 신청이 완료된다. 이는 슈퍼챗, 슈퍼땡스, 슈퍼스티커 모두 같으며 한 번에 모든 슈퍼 기능들을 신청하게끔 해준다.

채널로 가서 하나의 동영상을 들어가 보면 동영상 바로 아래 좋아요 – 싫어요 – 공유 – 저장 메뉴가 나열되어 있고 중간에 '땡스'라는 버튼이 추가된 것을 확인할 수 있다.

　1천 명과 4천 시간을 채웠음에도 불구하고 자격이 부여되지 않는 경우가 있다. 위해 콘텐츠 또는 저작권위반 콘텐츠로 경고를 받았거나, 공포의 '노딱'이라 불리고 수익창출중지를 나타내는 노란 딱지를 받은 콘텐츠가 다수 있는 경우 등 유튜브 시스템의 판단하에 자격을 부여하지 않을 수 있다. 따라서 우리는 커뮤니티 가이드에 위반될 수 있는 위해, 선정, 폭력적인 소재인지, 저작권에 위반되는 소스의 콘텐츠인지 등을 자세히 따져봐서 채널을 기획해야 한다. 우리가 유튜브 애드센스 수익창출을 위해, 구독자 1천 명 달성을 위해 달려왔던 노력의 결실이 무너질 수 있기 때문이다.

　슈퍼땡스는 후원결제금액 중 30%를 유튜브가 가져가고 70%는 유튜버에게 지급하는 배분 구조로 되어 있다.

YouTube 도네이션

팬덤 수익의 세 번째는 도네이션이다. 유튜브 내부 기능이 아닌 외부 플랫폼을 이용한 후원 모델이다. 2017년 출시된 유튜브 슈퍼챗보다 이전인 2016년에 게임 스트리밍 중심의 플랫폼 트위치에서 라이브 스트리밍으로 방송하는 스트리머를 후원하기 위한 도네이션 서비스 '트윕'이 출시되었다. 트윕은 서비스 초기에는 결제 수수료를 포함하여 19%의 적지 않은 수수료를 취했으나, 이후 투네이션, 도네이크 등 유사 서비스가 등장하며 경쟁이 치열해지게 되었다.

도네이션 플랫폼의 대표 격인 '투네이션'은 후발주자이지만 중간 수수료를 아예 받지 않고 결제 수수료만 받는 파격적인 시스템으로 사용자들의 큰 호응을 받고 있다. 또한, 트위치에서만 사용할 수 있는 트윕과는 달리, 투네이션은 유튜브, 트위치, 아프리카TV, 페북 등 다양한 플랫폼에서 사용할 수 있다.

도네이션은 아프리카TV의 별풍선과 마찬가지로 순수한 후원의 성격과 시청자와 유튜버 간의 인터랙션을 촉진하는 기능을 포함하고 있다. 화려한 그래픽의 디지털 아이템을 라이브 화면에 오버레이 해서 노출하거나, 시청자가 타이핑한 문장을 재미있는 목소리의 텍스트투스피치 방식으로 방송에 참여할 수 있게 해준다.

투네이션과 같은 플랫폼을 통해 시청자의 후원을 요청하는 유튜버는 순수한 팬덤에 기대거나 경제적인 필요를 하소연하기보다는, 실시간 소통을 포함한 좋은 콘텐츠 창작을 지속하기 위한 일종의 제작지원금 명목으로 후원 요청하는 것을 추천한다.

✎ YouTube 채널 맴버십 ✎

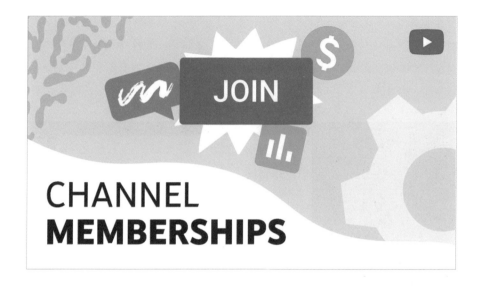

팬덤 수익의 네 번째는 채널 맴버십 수익이다. 15가지의 수익 모델 중 일곱 번째 수익화 방안이기도 하다.

유튜브 전체 영상 콘텐츠의 광고를 없애고 '유튜브 오리지널 콘텐츠' 시청이 가능한 월 정기구독이 '유튜브 프리미엄'이면, 각 채널이 자유롭게 정한 금액과 차별적인 고유의 혜택을 제공하는 식의 채널별 월 정기구독 형태는 '채널 맴버십'이라고 보면 된다. 유튜브 채널의 일반 '구독(무료)'과는 별개의 '구독(유료)' 개념이다. 유튜브 채널의 일반적인 구독은 돈이 들지 않고 즉시 구독을 취소할 수 있다. 반면 채널 맴버십의 구독은 돈이 들고 더는 구독을 원하지 않는 경우 취소는 가능하나 즉시 처리는 되지 않는다.

채널 맴버십은 일반 구독자가 느끼지 못하는 일종의 소속감이 더 부여되기도 한다. 채널 맴버십에 가입하면 월 정기 금액을 지불하고 구독하게 되는데, 유튜버는 최대 5개 등급의 맴버십 프로그램을 설정할 수 있다.

멤버십 프로그램은 990원에서 12만 원까지 19개의 가격표 중에 유튜버가 원하는 가격으로 설정할 수 있다. 등급에 따라 가입자들에게 혜택을 차등 제공하게 되는데 가장 기본적으로 제공되는 혜택은 댓글, 실시간 채팅 시 시청자 이름 옆에 표시되는 배지와 채팅에서 사용할 수 있는 맞춤 그림 이모티콘이다. 또한, 가입자에게는 일반 시청자보다 영상을 하루 먼저 볼 수 있게 선공개하거나, 가입자 전용 영상 콘텐츠를 제공하기도 한다.

채널 멤버십의 금액과 혜택은 되도록 신중하게 설정해야 한다. 시청자에게 제공할 수 있는 혜택과 효용 가치에 따른 적정한 금액을 산출하는 것이 중요하다.

내가 제공하는 혜택 대비 적합한 금액인지? 금액 대비 너무 과도한 혜택을 제공하는 것이 아닌지? 등을 깊게 고민해야 한다. 물론 쉬운 일은 아니다. 기본적인 설정 방법의 순서를 알려주겠다.

첫 번째, 내가 제공할 수 있는 혜택을 나열하고 조합해서 정리한다.

단일 또는 조합 혜택을 최대 5개까지 만든다. 물론 5개를 꽉 채울 필요는 없다. 보통 2~3가지 등급으로 나누는 것이 보편적이다. 제공할 혜택이 많지 않다면 유튜버 대도서관처럼 단일 등급으로 설정해도 된다.

두 번째, 등급을 나눈 이후 등급별 금액을 정하는 단계가 무척 중요하다.

혜택에 따른 금액은 우선 나의 경쟁 채널, 유사채널이 어떤 혜택을 제공하며 금액을 설정했는지를 조사해야 한다. 같은 유튜브 주제의, 비슷한 규모의 구독자를 가진, 내

연관 채널 2~3개 정도만 조사하면 된다. 혜택별 금액에 대한 평균을 대략 낸 뒤, 내 채널 콘텐츠 인게이지먼트, 구독자의 충성도, 콘텐츠 내용 오픈 범위에 대한 전략 등을 고려해서 금액을 책정하면 된다. 물론 다소 어려울 수 있다. 혜택 대비 금액이 높으면 가입 단계부터 철저히 외면당할 수 있고 가입하고도 불만이 속출할 수 있다. 반면 혜택 대비 금액이 낮으면 멤버십의 가치가 낮아져 유튜버 본인이 왠지 손해 보는 느낌이 들 수 있으나, 시청자 입장은 소위 '혜자'라며 가입률이 높아질 수 있는 장점이 있다.

좋은 혜택을 싸게 제공하는 것이 유튜버로서는 마냥 이로울까? 채널 멤버십과 함께 다양한 수익모델을 갖추고 있는 유튜버는 멤버십의 '가치'에 따라 다른 수익모델에 크고 작은 영향이 전가된다. 예를 들어 평소 1단계 노하우를 일반 콘텐츠로 제공하고, 2단계 노하우를 채널 멤버십 혜택으로 1만 원에 제공한다고 가정하자. 유튜버는 멤버십 외 본인이 운영하는 커뮤니티 카페에 시청자들을 유입시키고 그 안에서 코칭 클래스를 운영하며 채널 멤버십의 내용이 포함된 3단계 노하우를 10만 원에 제공한다. 여기서 느껴지는 금액의 차이로 인해 코칭 클래스의 신청자 수는 분명 저조할 것이다.

정리하자면 수익모델의 최종단계가 채널 멤버십 수익이라면 최적의 혜택과 금액의 조합으로 설정해야 한다. 반면 다음 단계로 이어질 수 있는 수익모델이 존재한다면 시청자의 효용 가치와 함께, 유튜버 입장의 채널 멤버십 콘텐츠의 '가치'까지도 고려해서 혜택과 금액을 설정해야 한다. 그래야 더 비싸지만, 더욱 가치 있는 콘텐츠를 제공하는 다음 수익모델 단계로의 유입이 원활해질 수 있기 때문이다. 나무를 보는 게 아닌 숲을 봐야 한다는 말이 이러한 상황에 쓰이는 듯하다. 본격적인 채널 멤버십 전략은 다음 챕터에 예시를 보며 더 자세히 설명하겠다.

이렇게 팬덤 수익은 비교적 적은 구독자로도 얻을 수 있지만 어떤 소통 전략을 통해 참여와 후원을 끌어낼지에 대한 고민이 필요하다. 단순 구독자 수에 연연하지 말고 최대한 내 콘텐츠를 좋아 해주는 진성 구독자를 모으기 바란다.

CHAPTER 채널 멤버십 구독자를 획기적으로 늘리는 방법

07 YouTube 채널 멤버십 수익, 굿즈 수익

✎ YouTube 채널 멤버십 사례 ✎

이번 파트에서는 앞서 다룬 유튜브 채널 멤버십 수익의 사례를 자세하게 알아보고, 팬덤 수익의 마지막인 굿즈 수익에 관해서도 이야기하겠다.

채널 멤버십 프로그램은 가장 낮은 등급이 제공하는 혜택을 높은 등급이 기본적으로 포함하고, 추가적인 혜택을 제공하는 방식이 일반적이다. 등급의 개수, 명칭, 금액, 혜택 모두 유튜버가 자유롭게 설정할 수 있다.

160만 명대 구독자를 보유한 대도서관 TV의 경우 단일 등급으로만 운영하며 멤버십 전용 커뮤니티 포스팅과 전용 콘텐츠 제공으로 일반 시청자보다 더 많은 콘텐츠를 소비할 수 있다. 유튜버와 시청자 간에 더 밀접한 소통과 친밀감을 느낄 수 있도록 공동명의의 기부를 하는 식의 다양한 혜택을 제공한다. 특히 시청자들이 게임을 좋아하는 취향에 맞게 신작 게임의 베타 테스터로 참여할 기회를 우선적으로 주는 것도 매우 인상적인 혜택이라 볼 수 있다.

대도서관 채널의 멤버십 프로그램은 구독자 입장으로 실질적인 수혜와 유튜버와의 인터랙션, 멤버십 전용 콘텐츠의 다양성과 차별성 등으로 매우 적절히 설계된 멤버십 구조라고 볼 수 있다.

100만 명대 구독자의 부동산 읽어주는 남자 '부읽남' 채널도 단일 등급으로 멤버십이 운영된다. 월 5천 원의 채널 멤버십 구독료로 기본적인 닉네임 옆 뱃지를 제공하

며, 부읽남에서 자체적으로 진행하는 이벤트와 특강 시 가입자들에게 우선 신청권을 부여한다. 또한, 유튜브 라이브 영상 재시청이 가능하다.

라이브는 종료 후 비공개로 전환 되지만 멤버십 가입자는 일정 기간 동안 재시청할 수 있는 권한이 부여된다. 앞서 말한 라이브 스트리밍에 희소성을 주는 전략을 취한 것이다.

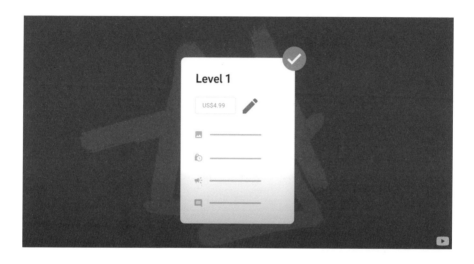

그럼 눈높이를 조금 더 낮춰서 현실적인 스몰 유튜브 채널의 사례를 들겠다. 구독자 2만명 수준의 홍드로이드 채널은 왕초보를 위한 앱 개발 콘텐츠를 제공한다. 홍드로이드 채널의 멤버십은 총 4개의 등급으로 나누어진다.

1,990원부터 120,000원까지 폭넓은 범위의 멤버십을 제공한다. 가장 낮은 등급은 '안린이'로써 기본적인 이름 옆 배지와 동영상에서 가입자 회원을 언급하는 혜택을 주고, 이보다 높은 2개 등급은 1:1 고민 상담과 1:1 개발 질문의 기회를 제공한다.

마지막 12만 원에 달하는 멤버십은 일단 흔하게 볼 수 없는 멤버십 금액이기도 하다. '홍드로이드 최측근'이라는 최고 등급으로, 앱 개발 시 자주 쓰는 레이아웃과 샘플 기능을 공유해주는 식의 앱 개발 스타터 킷을 제공한다.

우리는 홍드로이드의 사례를 통해 멤버십 설정 전략 2가지를 알 수 있다.

첫 번째, 앞서 언급했던 멤버십 혜택의 가치를 높게 책정된 금액으로 인지시켜주는 것이다. 앱 개발 분야를 모르는 나의 시선으로는 저 스타터 킷이 얼마나 혜자인지 모르지만, 한 가지 분명한 것은 '12만 원의 가치가 있는 스타터 킷이겠구나'라는 생각이 들게끔 한다는 것이다.

두 번째, 멤버십 등급 간의 명확한 금액 차등으로 선택 장애를 일으키지 않는다는 점이다. 등급 단계별로 추가되는 혜택의 임팩트가 다소 부족한 상태에서, 추가되는 금액들의 차이도 작다면 선택을 주저하게 된다. 예를 들어 3등급 2,500원 – 2등급 3,000원 – 1등급 3,500원 식으로 금액을 설정한다면 선택 장애는 일어나기 마련이다.

물론 얼마 안 되니까 그냥 최고 금액인 1등급으로 신청하는 이들도 있을 것이다. 하지만 그들은 여러 채널의 멤버십에 가입하는 성향이 있고 전체 금액으로 따져보면 다소 부담스러운 금액이 될 수도 있기에, 해당 채널의 멤버십 자체를 신청 안 할 확률이 꽤 높다고 생각된다.

우리가 자주 접하고 있는 온라인 쇼핑도 마찬가지다. 반드시 사야 하는 물건이 아니라, 살까 말까 고민 중인 상품에 크고 작은 금액대의 옵션들이 잔뜩 붙어있다면 구매를 망설이게 되는 것과 유사하다고 생각하면 된다.

결론적으로 확연한 차이가 나는 혜택과 그에 따르는 금액을 설정하는 것이 망설임 없는 멤버십 가입에 도움이 될 거라 생각된다.

그간 꾸준히 채널을 운영하던 유튜버분들은 의아한 점이 있을 것이다. '어 원래 채널 멤버십은 구독자 3만 명 이상이어야 했는데, 19,000명인 홍드로이드는 어떻게 자격이 된 걸까?' 자격 요건이 구독자 3만 명에서 1천 명으로 정책이 변경되었다. 우리가 종종 망각하는 진실은 유튜브, 구글은 공공의 이익을 최우선으로 하는 정부나 공공기관이 아닌, 이윤을 추구하는 기업 중 하나일 뿐이라는 점이다. 더욱 많은 매출과 큰 이윤을 위해 유튜브는 언제라도 정책을 바꿀 수 있다는 것이다.

채널 멤버십 요건 하향조정과 같은 정책 변화는 유튜버 수익 증대 차원에서 이로운 일이다. 반면 언제 어느 때라도 구독자 1천 명의 파트너 자격 요건이 3천 명으로 상향 조정될 수도 있고, 이러한 정책 변화로 유튜브 파트너가 되는 길이 더 험난해질 수도 있다. 최근에는 유튜버의 라이브 스트리밍 이용 증대를 위해 모바일로 라이브 하는 경우 기존 조건은 구독자 1천 명 이상이었으나, 50명 이상으로 대폭 하향 조정되었다. 물론 구독자 수준별 시청자 수 한도가 있는 조건부가 붙음에도 불구, 매우 파격적인 정책의 변화라 할 수 있다.

채널 멤버십의 자격은 유튜브 파트너 가입 조건과 같은, 채널 구독자 수 1천 명을 초과하면 최소 요건이 충족된다. 유튜브 파트너 프로그램에 가입되어 있어야 하고, 만 18세 초과, 채널에 부적격한 동영상이 많지 않아야 하는 등의 기타 조건이 있다.

유튜버 굿즈 제작 수익

14가지 수익모델의 일곱 번째는 굿즈 수익이다. 5가지 팬덤 수익 중 마지막 수익모델이기도 하다. 굿즈 수익은 준비부터 수익창출까지 커머스로 일어나기 때문에 과정적 측면에서는 커머스 수익모델 류에 해당하기도 한다. 굿즈 수익의 시작은 팬덤으로부터 매개되므로 팬덤 수익모델 류로 소개하겠다.

유튜버의 굿즈 수익은 본인의 채널 아이덴티티, 브랜드, 유튜버 캐릭터 등의 소스를 모티브로 물품을 제작하고 판매를 통해 얻어지는 수익이다. 보통 온라인판매 이커머스를 위해 상품, 제품을 제조하는 경우 막대한 시간과 비용이 들어가는 것이 일반적이었다.

이커머스에 대한 최소의 지식과 경험조차 없는 유튜버가 상품을 제작한다는 일은 상상도 할 수 없었던 시기가 있었다. 하지만 지금은 유튜버가 원하는 상품을 최소의 비용으로 제작할 수 있는 플랫폼이 많이 생겨났다.

대표적인 굿즈 커머스 플랫폼으로는 약 1만 명의 유튜버, 크리에이터, 아티스트 등이 이용하고 있는 마플샵이 있다. 마플샵은 유튜버 본인만의 BI 디자인을 입혀서 티셔츠, 폰케이스, 마스크, 에코백 등 수백 가지 상품을 제작할 수 있다. 예를 들어 에코백을 제작할 경우 기본 무지 상태에서 원하는 디자인과 색상을 고를 수 있고, 내 로고 이미지와 별도 텍스트까지 인쇄할 수 있다.

굿즈 플랫폼은 점차 상품별 퀄리티를 높이고, 다양한 품목을 추가해가며 고도화되어가고 있다. 이러한 플랫폼을 통해 우리 유튜버만의 굿즈 상품을 제작하여 시청자와 구독자들에게 선보일 수 있게 되었다.

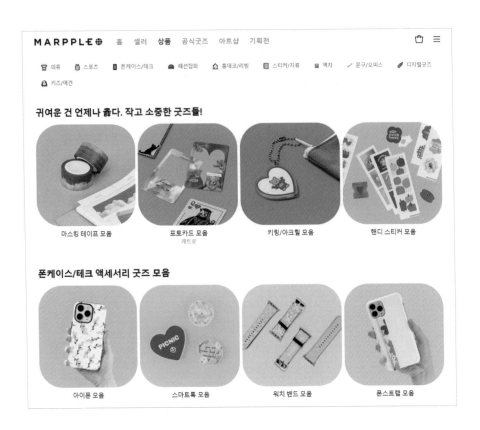

MARPPLE⬢ 홀 셀러 **상품** 공식굿즈 아트샵 기획전

👕 의류   ⛷ 스포즈   📱 폰케이스/테크   👜 패션잡화   🏠 홈데코/리빙   📑 스티커/지류   🖼 액자   ✏ 문구/오피스   ✒ 디지털굿즈
🐾 키즈/애견

귀여운 건 언제나 옳다. 작고 소중한 굿즈들!

마스킹 테이프 모음   포토카드 모음   키링/아크릴 모음   핸디 스티커 모음
                              레트로

폰케이스/테크 액세서리 굿즈 모음

아이폰 모음   스마트톡 모음   워치 밴드 모음   폰스트랩 모음

'집에 상품을 쌓아둘 공간도 없고, 일일이 어떻게 택배를 보낼까요?'라고 생각할 수 있다. 마플샵과 같은 굿즈 플랫폼은 상품 제작은 기본이고, 배송, CS, 재고관리까지 해주는 원스톱 서비스를 제공하고 있다. 상품이 제작되면 집이나 사무실로 받을 필요 없이 해당 플랫폼 물류센터에서 보관하며 재고관리를 해준다. 해당 플랫폼 내 유튜버의 샵 까지 개설해서 주문이 이뤄지면 플랫폼에서 택배 포장, 배송까지 하고 이에 발생하는 고객 CS도 플랫폼에서 처리해준다. 이커머스를 전혀 모르는 유튜버도 쉽게 상품을 제작하고 판매까지 하는 경험을 할 수 있다.

물론 단점도 존재한다. 본 서비스를 이용하는 유튜버가 많아질수록 전체 매출이 늘어나게 되고 자연스럽게 고객 CS의 양도 많아진다. 플랫폼 입장에서 소화 범위를 초과하는 수준으로 전체 주문이 몰렸다면 크고 작은 배송, 클레임, CS에 대한 누수가 생길 수 있다. 이 점은 우리가 손 쓸 수 없는 영역이기 때문에, 비교적 고객 대응에 능하

고 충분한 인력 풀이 있는 플랫폼을 잘 선택하는 것이 중요하다고 볼 수 있다.

또 하나의 단점은 유튜버가 가져가는 마진율, 즉 수익률이 크지 않다는 점이다. 플랫폼에서 모든 이커머스 관련 서비스를 대행하다 보니 여기에 들어가는 인건비가 만만치 않은 것이 사실이다. 이러한 이유로 상품들의 제작 단가가 비정상적으로 높은 편이다. 그래도 우리가 할 수 없는 영역을 커버해주는 비용이라 생각하면 큰 단점으로 느껴지지는 않을 것이다.

굿즈 판매는 유튜버는 물론 구독자에게도 이로울 수 있는 수익모델이다. 슈퍼챗, 슈퍼땡스, 도네이션과 같이 직접적인 현금을 후원하고 배분받음과는 다른 개념이다. 나를 지지하는 구독자에게 일종의 현금 조공이 아닌, 판매수익을 배분받는 것. '채널의 오피셜 티셔츠를 만들었습니다! 구매하시면 판매 수익금 일부가 저에게 지급됩니다.'라며 홍보하면 된다. 유튜버는 수익금을 얻고, 구독자는 감사의 마음을 전함과 동시에 내가 좋아하는 유튜버의 로고가 새겨진 티셔츠를 받는 아름다운 윈윈 구조가 형성된다. 너도 좋고 나도 좋고 느낌으로 시청자가 기분 좋게 지갑을 열 수 있는, 유튜버 시청자 모두에게 이로운 수익모델이라 생각된다.

이로써 팬덤 수익에 관한 내용을 모두 다뤄봤다. 팬덤 수익 각각의 모델들이 가진 성격은 조금씩 다르지만 결국 '진성 구독자'와 '전략적'으로 소통하는 방법이라는 것을 기억하기 바란다. 다음 장부터는 15가지 수익모델의 5가지 분류 중 세 번째인 마케팅 수익에 관해 알아보겠다.

굿즈 상품 판매는
유튜버, 구독자 모두 이로운 수익 모델

PART. 03

광고주 협업 수익모델 파악하기

유튜버 7가지
수익모델과 전략

01

광고주들이 줄을 서는 스폰서십 광고 비법

YouTube 스폰서십 수익

✏ YouTube 스폰서십 수익 ✏

15가지 수익모델의 5가지 분류 중 세 번째인 마케팅 수익을 소개한다. 관용적 표현으로 협찬 수익, 광고 수익으로 불리기도 한다. 마케팅 수익은 스폰서십 광고, PPL, 브랜디드 콘텐츠, 이렇게 3가지로 나눌 수 있다. 그럼 마케팅 수익의 첫 번째인 스폰서십 수익모델에 대해 알아보겠다.

스폰서십 수익은 이미지와 텍스트로 이뤄진 배너 광고 형태다. 용어는 조금씩 다르나 디스플레이 광고로도 통용되고 있다. 스폰서십 광고는 보이는 비주얼 상 다소 작은 영역 또는 단위로, 유튜브 곳곳에서 노출될 수 있다.

물론 광고 배너 이미지가 콘텐츠의 일부 영역에 덮이는 것이, 유튜버로서는 다소 꺼려질 수 있는 광고 형태이기도 하다. 너무 과도한 수의 광고이거나, 많은 영역을 차지하는 배너 이미지일 경우, 시청자는 즉각적인 거부감이 들 수 있으므로 여러모로 주의해서 스폰서십 광고를 해야 한다.

특히 인게이지먼트가 높거나 평균 조회 수가 높은 콘텐츠들이 모여있는, 즉 좋은 광고판을 보유한 유튜브 채널일수록 광고주의 제안이 들어올 확률이 높다. 우리는 이러한 광고주의 오퍼가 들어왔을 때 다음의 사항을 유의해서 광고를 수주받아야 한다.

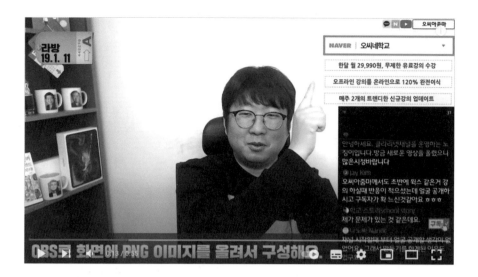

첫 번째, 채널의 주제, 소재, 콘셉트와 맞지 않는, 개연성 없는 소재의 광고는 되도록 거르는 것이 좋다.

당구 하우투 채널 영상 콘텐츠 한구석에, 당구 큐 등의 용품을 판매하는 쇼핑몰 광고 배너는 누가 봐도 자연스럽다. 여기에 당구용품이 아닌 중고차 딜러의 광고 배너가 붙어있다면 어떨까? 개연성을 찾기 어려울 정도로 어색할 수밖에 없다. 어색함은 곧 콘텐츠 자체에 대한 거부감으로 이어질 수 있다.

물론 당구를 즐기는 남성이 중고차에도 관심이 있지 않냐는 차원으로 접근한다면, 현존하는 모든 광고에 개연성을 부여할 수 있을 것이다. 적어도 연관성 있는 당구와 같은 공놀이 류 스포츠인 탁구나 골프 관련 배너 광고라면 크게 어색하지 않을 거라 생각된다.

두 번째, 채널의 주제에만 맞게 너무 엄격한 잣대로 필터링하면, 받을 수 있는 광고가 제한적이게 된다.

채널 주제가 건강 - 운동 - 필라테스라면, 오직 필라테스 관련된 광고만 받는 것이 아닌, 요가, PT, 홈트 정도의 광고는 유연하게 수용하는 것이 좋다. 채널의 톤앤매너를 중요시하는 유튜버가 강한 필터링으로 제안을 계속 고사할 경우 나중에는 받을 수 있는 광고가 남아 있지 않게 된다. 아무거나 막 받지 말고 그렇다고 너무 엄선해서 받을 필요는 없다.

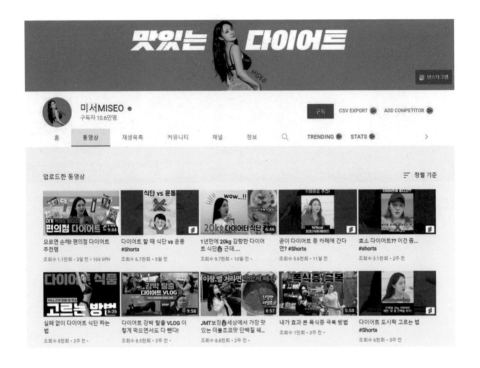

물론 유튜브 주제가 '쿡방'이라면 수용할 수 있는 광고는 많아진다. 채널을 기획할 때 카테고리를 세분화하지 않고 백화점식의 종합 쿡방으로 가게 되면 드넓은 쿡방 주제의 범주 아래에 수많은 경쟁자와 혹독하고 치열하게 싸워가며 채널을 키워야 한다. 이런 채널에 스폰서십 광고가 붙어서 조금의 거부감이 들게 되면 뚜렷한 성장을 경험할 수 있다. 물론 경쟁자가 많은 만큼 조금의 균열이 보이면 와르르 무너질 수 있다. 그래서 유튜브 주제의 세분화 전략으로 채널을 기획해야 한다.

세 번째, 유해 광고는 절대 받지 않는다. 골프 코칭 채널에 '대부업' 광고가 들어왔다. 물론 골프 유튜버는 주제에 부합하지 않으므로 거절한다. 광고주는 기적의 논리로 유튜버를 설득하며 제안한다. '필드 나가서 (내기 당구 등으로) 급전 필요할 때~ 당일 대출 가능! - ○○ 캐시' 식의 문구를 내세워 광고하면 크게 어색하지 않을 거라며, 꽤 높은 비용의 스폰서십 광고를 제안한다.

결론부터 말하면 주제 부합과 개연성을 떠나서 이러한 불법 고금리 대부업 광고는 단칼에 거절해야 한다. 유튜브 정책에 위반되는 것은 기본이고, 불법적인 요소가 내포되는 도박, 사행성, 고리대금 등의 불법 광고는 채널 전체에 악영향을 미치며, 최악의 경우 민형사상 사건에도 휘말릴 수 있기에 각별히 유의해야 한다.

네 번째, 광고주가 제안한 이미지와 문구를 유튜버가 직접 검수해야 한 뒤 수주받아야 한다. 식품 비전공자이자 식품에 대한 지식이 깊지 않은 먹방 유튜버에게 '홍삼' 제품 광고가 들어왔다. 제품 이미지와 함께 '면역력 향상의 대표 건강식품! 홍삼 엑기스 선물 세트'라는 문구를 받았다고 가정하자. 어차피 유튜버는 홍삼이면 모두 '면역력'이라는 말을 쓸 수 있다고 가볍게 생각한 뒤 배너 이미지를 노출한다. 알고 보니 해당 제품은 고형분과 사포닌 함량이 거의 없는 홍삼 음료였다. 즉 일반 음료수와 같은 식품의 유형인 것이다.

이런 일반 음료는 건강기능식품만 사용할 수 있는 '면역력'이라는 표현을 사용할 수 없다. 그 과실이 위중할 경우 사업장 영업중지의 행정처분까지 받을 수 있는 일이다. 이 제품을 광고한 유튜브 채널은 책임으로부터 자유로울까? 일부 과실을 적용하여 벌금형의 처분을 받을 수도 있다. 모든 비즈니스에는 권리와 의무. 그리고 책임이 따른다는 사실을 기억해야 한다.

스폰서십 광고는 유튜브 여러 영역에 노출할 수 있다. 채널 정보 내 텍스트로 노출할 수 있으며, 채널 배너 이미지 일부 영역에 삽입하여 노출할 수 있다. 가장 많이 노출하는 영역은 당연히 라이브 스트리밍과 영상 콘텐츠 화면의 일부 영역이다.

170만 명대 구독자 보유 채널인 악동 김블루의 영상에서는 '게이밍 노트북 지마켓', '마이크로소프트', '인텔' 이렇게 세 종류의 배너 광고가 롤링되며 노출된다. 150만 명대 채널인 뜨뜨뜨뜨에서는 '뜨가 추천하는 모두의 컴퓨터 검색 - 가성비 끝판왕 PC'라는 배너 이미지가 모든 영상에 고정적으로 노출된다. 40만명 수준의 구독자 보유 채널인 꽁병지 채널의 한 콘텐츠는 영상 중간에 자체적으로 제작한 광고영상이 나온다. 거부감을 덜기 위해 조금 우스꽝스러운 콘셉트로, 매우 짧은 광고영상을 만들어 삽입하고, 실제 중간광고 느낌을 주기 위해 아래 '광고 건너뛰기'를 일부러 삽입하는 식의 위트있는 광고로 여겨질 수 있도록 구성한 것을 알 수 있다.

라이브 스트리밍 중의 배너광고는 OBS와 같은 방송 송출 프로그램으로 쉽게 이미지를 띄워두고 방송하는 것이 일반적이다. 유튜브 영상편집 스킬을 알려주는 유튜버가 라이브 스트리밍을 하며 화면 한 영역에 작은 배너 이미지 2개가 노출된 상태로 방송한다. 고정 댓글에는 해당 배너광고의 사이트 URL이 기재되어 있다. 배너 문구는 '유튜브 1:1 코칭', '유튜브 자막프로그램 - ○○○'이 적힌 광고다. 해당 채널의 주제와 연관이 있기에 크게 어색하지 않으며 거부감도 덜 한 편이다. 여기서 한 가지 더 유의해야 할 점은 해당 라이브 스트리밍의 화면을 많이 차지하지 않고, 유튜버의 모습이나 유튜버가 보여주는 편집프로그램의 영역을 절대 침범하지 않아야 한다는 것이다. 배너광고 콘텐츠 영역을 조금이라도 가린다면 시청자의 거부감은 극대화될 수 있으므로 주의해야 한다.

또한, 라이브 전체 시간 '노출' '노출 또는 '롤링' 노출이 아닌, 시차를 두고 배너광고를 노출하는 채널이 있다. 라이브 스트리밍 중 시청 흐름을 방해하는 생뚱맞은 광고가 삽입된다면 광고주 입장으로 광고 효과를 기대하기 어려울 뿐만 아니라, 시청자의 불편함도 가중될 것이다. 이는 당연히 유튜버와 채널에 전체적으로 부정적인 영향을 미치게 될 것이다.

자동차 리뷰 유튜브 채널을 운영하는 유튜버가 새 차를 알아보기 위해 ○○ 자동차 매장을 방문하는 브이로그 형식의 콘텐츠가 있다고 가정하자. 함께 방문한 친구와 이 런저런 얘기를 나누며 차를 둘러보다가, 유튜버가 원하는 차량의 견적을 확인한 뒤 얘기한다. '아, 옵션 이것저것 넣으니까 예산 초과네', 이 말을 들은 친구가 '네가 무슨 새 차냐. 그냥 보증기간 남아있는 중고차를 사. 정신 차려'라는 말이 나옴과 동시에 배 너 이미지가 뜬다. '자동차 정비사가 직접 판매하고 보증하는 - 믿음 소망 사랑 중고 차'. 시청자는 비슷한 처지의 유튜버에게 동질감을 느끼면서 친구의 말에 반응하고 마침 노출된 배너광고에 관심이 가게 된다.

스폰서십 배너 광고의 베스트는 채널 주제와 부합하고, 조회 수와 댓글 상호작용률 이 높으며, 인기 있는 소재와 형식으로 기획, 제작된 영상이나 라이브에 광고를 삽입 하는 것이다. 이렇게 콘텐츠 구성과 내용의 흐름에 맞게 센스있는 광고를 적재적소에 보여준다면 높은 광고 효과와 전환율을 기대할 수 있을 것이다.

CHAPTER 02

협찬과 브랜디드로 수익 극대화하는 방법

YouTube 브랜디드 콘텐츠 수익

YouTube PPL 수익

마케팅 수익의 두 번째 PPL 간접홍보와 세 번째 브랜디드 콘텐츠 수익모델에 대해 알아보겠다. 특히 브랜디드 콘텐츠는 책의 후반부에서 매우 세부적이고 심도 있게 다룰 예정이다. 지금은 브랜디드 콘텐츠의 개요, 전략, 성공사례 등의 내용만 숙지한다 생각하면 된다.

PPL과 브랜디드 콘텐츠를 나누는 것은 바로 간접과 직접, 방법론의 차이다. 간접적 홍보는 PPL, 직접적 홍보는 브랜디드 콘텐츠라고 생각하면 쉽다.

우리는 TV 예능, 드라마, 영화 등에서 PPL이라는 말은 익히 들어봤을 것이다. PPL은 특정 기업의 협찬을 대가로, 영화나 드라마에서 해당 기업의 상품이나 브랜드 이미지를 소도구로 끼워 넣는 광고기법을 말한다. 기업 측에서는 화면 속에 자사의 상품을 배치하고, 시청자 즉 잠재적 소비자들의 무의식 속에 상품 이미지를 심어 관객들에게 거부감을 주지 않으면서도, 상품을 자연스럽게 인지시킬 수 있고, 영화사나 방송사에 서는 제작비를 충당할 수 있다는 장점이 있다. 즉, PPL은 자연스러운 '네이티브 형' 간접홍보 방식의 광고다.

이러한 전통미디어(매스미디어, 레거시미디어) 상의 PPL 광고가 1인 미디어 산업의 고도성장으로, 그대로 유튜브에 넘어오게 되었다. 유튜브의 1인 미디어 특성상 전통미디어 대비 창의적이고 자유분방하게 표현되기도 한다. 이런 과감하거나 공격적인 PPL 노출이 가능한 이유는 심의, 제재 수위가 상대적으로 낮은 편이고 사실상 이를 모니터할 장치조차 없기 때문이다.

이런 유튜브 PPL 광고의 장점은 무엇보다, 광고와 관련된 삼자의 부담이 모두 덜하다는 것이다.

우선 '유튜버'는 PPL 광고 시 제작 리소스가 거의 투여되지 않는다. 유튜버가 특정한 이슈, 정보 등을 설명하는 리뷰 형태라면 협찬받은 상품을 그냥 옆에 두고, 화면 한 영역에 노출하면 되기 때문이다. 또한, 현금 또는 현물의 협찬 광고 수익을 받아 콘텐츠 제작비를 충당할 수 있다는 장점도 있다.

PPL 광고를 보는 '시청자'의 거부감이 덜하다. 여행 숙소를 협찬받은 여행 유튜버가 특정 여행지를 돌아다니는 여행 로그 형식의 영상인 경우, 숙소에 들어와 하루의 여행을 마무리하는 모습으로 영상은 종료된다. 협찬받은 숙소에 대해 노골적인 소개와 홍보를 하지 않기 때문에 시청자는 PPL에 대해 큰 불편함 또는 거부감을 느끼지 않는다.

'광고주'는 저렴한 비용으로 PPL을 하고, 홍보 효과를 기대할 수 있다. 물론 PPL을 통해 파급력 있는 홍보 퍼포먼스가 나오는 사례는 흔하지 않다. 하지만 적은 비용 또는 현물 제공으로 광고할 수 있고, 잠재적 고객에게 광고주의 상품과 서비스를 인지시킬 수 있다는 점에서 부담 없이 광고를 집행할 수 있다.

유튜브 상의 PPL은 다양한 형태로 받을 수 있다. 제품 리뷰 유튜버가 리뷰할 제품을, 브이로그 유튜버가 유용한 유료 앱 서비스를, 여행 로그 유튜버가 관광명소 입장권을 협찬받는다. 상품, 서비스, 장소 모두 PPL로 받을 수 있으므로, 광고 수용성과 확장성이 높다는 장점이 있다. 그러면 몇 가지 성공사례를 소개하겠다.

쿡방 유튜버 A는 간단하게 조리할 수 있는 파스타 밀키트를 협찬받는다. '집에서 레스토랑 분위기 내는 법'이라는 타이틀로 영상을 제작한다. 준비한 메인 요리인 안심 스테이크를 굽고 훈연하는 동안, 파스타 밀키트를 꺼낸다. 개별 포장된 재료들을 뜯고 프라이팬에 부어서 간편하게 조리하는 과정을 보여준다. 유튜버는 조리가 완성된 스테이크와 함께 파스타를 먹음직스럽게 접시에 플레이팅한 모습으로 영상은 마무리된다.

낚시 유튜버 B는 편광 선글라스와 유료 낚시터 입장권을 협찬받는다. '10마리 잡기 전까지 집에 안 간다'라는 영상을 제작하고 온종일 낚시를 한다. 낮에 태양으로부터 눈부심을 방지하기 위해 자연스럽게 편광 선글라스를 착용한다. 낚시하며 '아~ 이 고요함! 제가 낚시를 하는 이유'라는 혼잣말로 낚시터의 조용하면서도 집중되는 환경을 우회적으로 광고해준다.

풋살 유튜버 C는 풋살장, 유니폼, 풋살화, 이온 음료를 협찬받는다. 그리고 본인이 속한 동호회와 붙을 팀으로 전 국가대표 출신의 선수들로 구성된 팀을 섭외한다. 이들이 뛰는 풋살장, 입고 있는 유니폼, 신고 있는 풋살화, 경기 중간중간 마시는 이온 음료는 모두 협찬이며 영상 속에서 반복적으로 노출된다.

PPL 광고 집행 시 유의사항은 앞서 말한 스폰서십과 유사하다. 콘텐츠와의 개연성, 유해 상품 또는 서비스는 받지 않아야 한다. 그리고 PPL의 핵심은 간접홍보라는 점을 잊지 않아야 한다. 직접적인 언급은 피하고 별도 홍보성 코멘트 없이 최대한 자연스럽게 노출해야 한다. 멘트까지 넣어달라는 광고주의 요청이 있는 경우, 시청자에게 직접 말하듯 멘트하는 것보다는 '음, 나쁘지 않은데?' 식의 혼잣말하는 수준으로 담백하게 멘트를 삽입하면 된다.

　PPL의 광고비용은 천차만별이며 구독자 규모, 인게이지먼트, 평균 조회 수, 채널 활성도 등 여러 다양한 요소로 유튜버 본인이 자유롭게 정하면 된다. 보통 직접적 홍보 형식의 브랜디드 콘텐츠 금액의 20~30% 수준으로 책정한다. '제 브랜디드 단가는 얼마로 해야 하나요? 이걸 알아야 PPL 단가도 나오지 않을까요?'라는 의문이 들수 있다. 브랜디드 콘텐츠 제작 단가 설정법은 책의 후반부에서 세부적으로 다루도록 하겠다.

YouTube 브랜디드 콘텐츠

그전에 우선 마케팅 수익의 세 번째, 브랜디드 콘텐츠가 무엇인지 알아보겠다. 일반적으로 광고, 홍보 목적이 있는 기획 콘텐츠는 모두 브랜디드 콘텐츠이다. '브랜디드 콘텐츠 = 홍보영상'으로 이해하면 쉽다. 유튜버가 현재 치열하게 하고 있고, 유튜브 활동의 대부분의 차지하는 작업이 바로 영상제작이다.

동영상을 제작하는 유튜버의 기본 역량에 채널 구독자 수준, 유튜버의 개성과 창의성 등을 고려하여 광고주는 해당 유튜버에게 홍보영상 제작을 의뢰한다. 유튜버는 홍보영상을 만들어 릴리즈하고, 광고주는 릴리즈된 영상을 통해 홍보 효과를 얻는다. 그리고 홍보영상에 대한 대가로 제작비를 유튜버에게 지급한다.

브랜디드 콘텐츠는 영상을 제작하고 납품하는 프로덕션의 방식과는 다르다. 전문적인 영상을 제작하는 프로덕션은 광고주에게 의뢰받고 홍보영상을 제작, 광고주의 검수 후 최종 완성되며, 완성된 영상은 광고주에게 파일 형식으로 전달된다.

반면 유튜브 브랜디드 콘텐츠는 영상을 수주받고 제작하는 과정은 프로덕션과 대동소이하지만, 완성된 영상을 납품하는 것이 아닌 유튜버 본인의 채널에 릴리즈하는 점이 다르다고 볼 수 있다.

광고주가 영상 파일을 원하는 경우 2차 라이선스 계약을 통해 추가금액을 받고 사용하게끔 하는 것이 일반적이다. 즉, 퀄리티 높은 전문 홍보영상을 만들고 광고주가 자유롭게 사용할 수 있는 것은 프로덕션 제작 영상, 퀄리티 보다는 개성 넘치고 친근한 홍보영상으로 제작되어 유튜버의 채널에 릴리즈, 홍보까지 되는 것은 유튜브 브랜디드 콘텐츠 영상이라고 구분 지으면 된다.

광고주 입장으로 당장의 구매 전환율보다는 미래를 위한 브랜드 인지도 제고의 목적이 있거나, 광고를 위한 마케팅 예산이 충분하지 않은 경우 TV 등의 전통미디어에 비해 절대적으로 적은 예산이 들어가는 브랜디드 콘텐츠를 선택하는 경우가 많다.

유튜브는 매년 시장 점유율을 높여가며, 그 끝을 알 수 없을 정도로 고도성장하고 있다. 유튜브가 성장하는 만큼 시청자의 수요는 많아지고 이 광활한 플랫폼에 광고를 희망하는 광고주의 수요도 비약적으로 늘어나고 있다. 우리는 이러한 추세에 따라 본인만의 브랜디드 콘텐츠 구조를 설계하여 수익을 모색해야 한다.

오 유튜버에요?
맞아요!
촬영해도 되죠?
안돼요
여러분 오늘은
먹방이에요~!
찍지 마시라구요.
야외 촬영의 경우
꼭 합의된 장소에서 하셔야 합니다.

상품 리뷰 없이 어필리에이트로 수익내는 방법

03 YouTube 어필리에이트 수익

YouTube 커머스 수익 분류

15가지 수익모델의 5가지 분류인 수단 활용 – 조회 수 – 팬덤 – 마케팅 – 커머스 중 마지막으로 소개할 커머스 수익이다. 커머스 수익에는 어필리에이트, 이커머스, 비디오 커머스, 라이브 커머스로 나누어진다. 상품 또는 서비스를 판매하는 식의 상업 행위 전반을 커머스라고 한다.

커머스 수익모델은 유튜버에게 다소 생소하거나 어려울 수 있다. 앞서 언급한 아티스트 마인드를 줄이고 비즈니스 마인드를 갖춰야 한다는 말 기억날 거다. 우리가 조회 수 수익 배분을 위해 시청자에게 콘텐츠를 선보이는 것, 팬덤 수익으로 시청자에게 후원받는 것, 마케팅 수익을 위해 협찬을 받거나 홍보영상을 제작하는 것, 이 모든 수익 활동이 궁극적으로 '콘텐츠를 시청자에게 판매'하는 상업 행위다. 콘텐츠를 제작하고 이에 따른 보상으로 수단 활용 본업 수익, 조회 수 수익, 팬덤 수익, 마케팅 수익을 취한다. 커머스라고 크게 다르지 않다. 단지 눈에 보이는 광고 형태가 직관적으로 재화나 서비스를 판매하는 것일 뿐, 광고에 의한 콘텐츠를 통해 수익을 올린다는 점은 모든 수익모델과의 결이 같다고 볼 수 있다.

커머스 수익모델인 어필리에이트, 이커머스, 비디오 커머스, 라이브 커머스는 유튜버의 비즈니스 네트워크 구축 여부에 따라 크게 2가지로 나눌 수 있다.

어필리에이트 수익은 비즈니스 네트워크 구축과는 무관하게 실행할 수 있다. 어필리에이트 수익배분 서비스를 제공하는 쇼핑몰에서 원하는 상품을 선택한 뒤 콘텐츠로 홍보하고, 발생한 매출의 수익 일부를 배분받는다. 대표적인 예로 한 번쯤 들어봤을 '쿠팡 파트너스' 같은 방식이 있다. 반면 이커머스, 비디오 커머스, 라이브 커머스는 스폰서십, 브랜디드, PPL 등의 마케팅 활동을 통해 만들어진 비즈니스 네트워크의 연장선으로 이뤄지는 것이 일반적이다. 마케팅 비즈니스로 알게 된 유튜버와 광고주 간의 강점, 취약점, 매너 등의 요소가 검증된 상태라면, 커머스 비즈니스로 쉽게 이어질 수 있기 때문이다.

또한, 이커머스, 비디오 커머스, 라이브 커머스 이 3가지 수익모델은 자체상품 보유에 따라 수익 전략을 달리할 수 있다. 내 상품을 보유한 유튜버의 경우 자체 스마트 스토어에서 상품을 판매하고(이커머스), 본인 유튜브 채널에 홍보영상을 올린 뒤 스마트 스토어에 유입시켜 판매하고(비디오 커머스), 네이버쇼핑라이브에서 방송하며 판매를 한다(라이브 커머스).

반면 상품을 보유하지 않은 상태로 광고주와 협업하는 경우 광고주의 상품을 유통 벤더 형태로 받아 유튜버가 운영하는 스마트 스토어에서 판매하거나, 본인 유튜브 채널에 홍보영상을 올리고 광고주의 쇼핑몰로 랜딩시켜 판매에 도움을 주고, 광고주 계정의 네이버쇼핑라이브에 단순 출연하거나 유튜버 계정의 그립에서 광고주의 상품으로 직접 방송해가며 판매한다. 언뜻 비슷해 보이면서도 다른 구조와 프로세스다.

✏ YouTube 어필리에이트 수익 ✏

　그러면 어필리에이트 수익모델부터 커머스의 각 수익모델을 하나씩 살펴보겠다.

　어필리에이트 수익모델은 상품을 판매하는 것이 아닌, 유튜버가 영상을 제작하고 본문 등에 구매링크를 남긴 뒤에 해당 링크를 통해 판매되는 만큼의 매출 수익 일부를 쉐어받는다.

　국내 1위 오픈마켓인 쿠팡은 2018년부터 제휴 마케팅 시스템인 '쿠팡 파트너스' 서비스를 론칭했다. 마케팅, 영업, 판매에 대한 지식이 없는 유튜버도 쉽게 쿠팡의 상품을 선택하고, 상품 구매링크를 생성 받아 유튜브 콘텐츠 영역에 삽입하면 되는, 비교적 간단한 시스템이라 많은 유튜버가 수익을 올리고 있는 모델이다. 유튜브에서 '쿠팡 파트너스 수익 인증'이라는 주제의 동영상을 쉽게 찾아볼 수 있다. 한 유튜버는 하루에 3~4시간을 투자해서 꾸준히 실행한 결과 월 400~500만 원의 안정적인 수익을 올리고 있는 사례가 의외로 많이 있다.

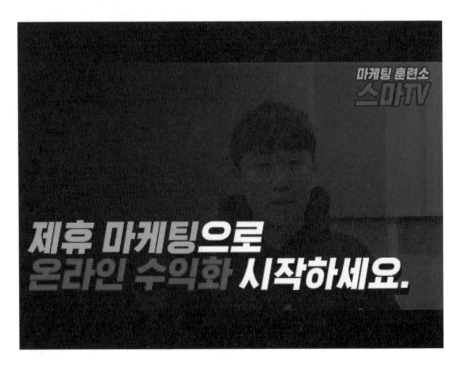

쿠팡 파트너스 이전부터 어필리에이트 시스템을 시작한 곳은 글로벌 쇼핑 사이트인 아마존과 알리익스프레스이다. 쿠팡보다 더 고도화되고 안정된 어필리에이트 시스템을 갖춘 쇼핑몰이기도 하다. 물론 해외 쇼핑몰이라서 접근이 어려울 거라 생각될 수 있다. 아마존과 알리의 소비층은 특정 국가가 아닌 전 세계인을 대상으로 하고 있기에, 이런 어필리에이트 시스템도 전 세계 누구나 활용할 수 있도록 제휴 시스템을 잘 갖춰두었다고 보면 된다. 한국에서 이 두 사이트의 어필리에이트 제휴 시스템을 활용할 경우 그 대상은 바로 해외직구를 선호하는 국내 소비자이다.

'해외직구하는 사람들이 그렇게 많나요?'라고 생각할 수 있다. 해외직구는 전 세계적으로 빠른 배송 경쟁이 치열하게 펼쳐지면서 빠르면 2~3일 만에도 받아볼 수 있을 정도로 혁신적인 성장을 이루고 국내 해외직구 시장 규모는 5조원 수준이며, 20대~50대 2명 중 1명이 이용할만큼 높은 성장세를 보이고 있는 시장이다. 여기서 아마존과 알리는 전체 50% 이상의 시장 점유율을 나타내고 있다. 국내에서는 어필리에이트가 블로거 중심으로 이뤄지며 안착했고, 이후 인스타그래머, 유튜버 등도 본 시스템을 활용하여 어필리에이트 수익을 올리고 있는 것을 볼 수 있다.

그럼 어필리에이트 제휴 시스템을 통해 수익을 올리고 있는 유튜버의 사례 2가지를 소개하겠다.

첫 번째, 28만 명 수준의 구독자를 보유한 '장박사의 구매중독'은 제품 리뷰 유튜버이다. 상품을 소개하고 구매까지 독려해야 하니까 당연히 실물 상품을 리뷰해야 한다고 생각할 수 있지만, 그렇게 하지 않아도 된다. '알리익스프레스 실패 없는 브랜드 TOP4'라는 타이틀로 릴리즈된 영상은 리스트업 형식으로 제작되었다. 영상은 실물 제품은 나오지 않고 해당 제품들의 오피셜 광고영상과 이미지들을 보여주며 내래이션으로 후시 녹음 하는 형태로 영상제작의 생산성을 높였다.

생산성을 높이면 제작 시간이 줄어들며 효율적으로 영상을 제작할 수 있다. 영상 설명글에는 구매링크가 단축 URL로 표시되어 있고, 구매링크를 따라가면 알리익스프레스 구매 페이지로 즉시 연결된다. 쇼핑 페이지에 랜딩된 소비자는 유튜버가 추천한

할인율 높은 상품에 추가 할인코드까지 사용해가며 더욱 저렴한 가격으로 상품을 살 수 있게 된다. 매출이 발생하면 유튜버에게 일부 수수료가 지급된다.

두 번째, 40만 명대 구독자를 보유한 'JM'도 제품 리뷰 - IT 테크 유튜버다. JM은 제품 리뷰 유튜버 중 가장 활발하고 스마트하게 수익 활동을 하는 대표적인 유튜버이다. 앞서 소개한 수익모델 중 조회 수 수익, 마케팅 수익, 커머스 수익까지 아우르며 유튜브 수익 활동을 하고 있다. JM은 장박사보다 더 고단수의 어필리에이트 수익 구조를 설계하였다.

상품 소개를 하고 설명글에 구매링크를 노출하는 기본적인 어필리에이트 외, 설명글 하단에 본인이 사용하고 있는 촬영 장비명과 아마존 구매링크를 노출해 두었다. 카메라, 렌즈, 마이크 등 약 15개 상품에 추천인 링크가 포함된 구매링크를 노출하는 것이다.

JM 채널의 전체 영상 중 IT 테크 관련 영상에 이런 구매링크를 다량 노출하고, 어필리에이트 목적의 영상이 아니어도 JM이 사용하는 촬영 장비의 구매를 희망하는 시청자에게 정보를 제공해가며 간접적 어필리에이트 수익을 올리고 있는 것이다.

어필리에이트 수익모델의 유의사항은 특별히 없다. 딱 하나 말하자면 유의사항이 없음에도 불구하고 시도해보지 않는 것이 유의사항이라고 할 수 있겠다. 제품을 리뷰하는 유튜버나, 생활 꿀팁을 알려주는 유튜버, 교양/인문 콘텐츠를 제작해서 제품과 직접적인 연관은 없지만 남다른 영상미로 해당 유튜버의 촬영 장비에 관심이 생길만한 유튜버까지, 부담감 없이 실행해볼 만한 수익모델이라 생각한다.

CHAPTER 04

알아서 수익을 가져다주는 '캐시카우' 커머스 수익

YouTube 커머스 3종 수익

✎ YouTube 비디오 커머스(V커머스) ✎

커머스 수익모델 4가지 중 이커머스, 비디오 커머스, 라이브 커머스에 대해 소개하 겠다. 참고로 이커머스와 라이브 커머스는 하나의 큰 시장이기 때문에 전체의 포괄적 인 내용보다는 유튜버 실상에 맞는 장점, 단점, 실행방법, 유의사항 등의 내용 위주로 다루겠다.

첫 번째 소개할 커머스 수익모델은 비디오 커머스다. 보통 V커머스라는 용어에 더 친숙할 것이다. 비디오 커머스는 동영상 플랫폼, SNS 플랫폼에서 동영상을 통해 구매 를 유도하고 실제 제품을 판매하는 방식을 말한다.

국내에서는 V커머스를 1인 미디어 시장 안착시킨 곳이 블랭크 코퍼레이션이라는 기업이다. 먼저 영상 콘텐츠로 풀어내기 쉬운 상품을 기획하고, 위탁생산 한 뒤 자체 제작한 동영상으로 SNS를 통해 판매하는 방식을 통해 '바디럽', '블랙몬스터', '악어발 팩', '마약베개' 등 출시하는 상품마다 1백만 개 넘게 판매하며 폭발적으로 성장한 기 업이다. 블랭크 코퍼레이션이 빠르게 성장하면서 MCN 기업이나 동영상 전문 광고대 행사 등이 발 빠르게 비디오 커머스 시장에 뛰어들었고, 수많은 유튜버도 가세하여 V 커머스를 통해 수익을 창출하고 있다.

유튜버는 V커머스와 브랜디드 콘텐츠 간의 구분이 모호할 수 있다. 똑같이 제품 또 는 서비스에 대한 홍보영상을 만들고 설명글에 링크를 노출하는 형태는 같기 때문이 다. V커머스와 브랜디드는 비슷하지만 미묘하게 다른 몇 가지 이유를 알려주겠다.

첫 번째는 두 광고의 목적성이 다르다. 브랜디드의 목적은 홍보다. 홍보가 필요한 신생 브랜드와 신상품의 인지도 제고를 위해 홍보하는 수단 중 하나가 바로 브랜디드 콘텐츠이다. 반면 비디오 커머스의 목적은 판매. 홍보의 비중은 거의 없고 오직 판매를 위한 수단으로 여겨진다. 판매가 절실한 체화 재고 상품. 체화 재고란 상품이 예상보다 많이 팔리지 않아 물류창고에 보관되어 먼지만 쌓여가는 상품을 뜻한다. 이런 체화 재고는 쌓일수록 자금 회전이 안 되기 때문에 기업 입장으로는 골칫거리일 수밖에 없다. 이런 상품 또는 일반적인 매출을 보이는 상품이지만 좀 더 많은 매출을 올리고자 할 때 선택할 수 있는 홍보 방식이 비디오 커머스다.

두 번째는 광고주의 차이다. 비단 대기업과 소상공인처럼 극단적으로 나누기에는 어폐가 있지만, 보통 대대적인 홍보는 아무래도 규모가 있는 회사가 주로 하기에 브랜디드 콘텐츠를 많이 하는 편이다. 즉각적으로 매출이 발생하지는 않지만, 잠재적 소비자들에게 꾸준히 콘텐츠를 통해 브랜드를 노출하고 천천히 인지도가 상승하면 차후 큰 매출로 되돌아오는 롱텀 전략을 구사하곤 한다.

반면 상대적으로 마케팅에 큰 비용의 투자가 부담스러운 중소기업, 소상공인은 롱텀 홍보 전략보다 당장 매출이 더 시급하기에 브랜디드 보다는 즉시 퍼포먼스를 낼 수 있는 V커머스를 선호하는 편이다. 이러한 광고주의 차이를 인지하게 되면, 유튜버는 컨택 단계부터 선별적 접근에 도움이 될 거라 생각된다.

　세 번째는 영상 퀄리티의 차이다. 브랜디드는 홍보를 목적으로 하기에 유튜버의 특성을 살린 창의적이고 개성 넘치는 기획과 적정수준 이상의 퀄리티를 요구한다. 그래서 광고주의 기획 참여, 컨펌 및 가편 검수 등이 까다로운 편이다.

　V커머스는 브랜디드와는 달리 광고주의 개입이 거의 없는 수준이다. 초반에 영상제작을 위한 브랜드, 상품 정보를 제공하고 기획 단계에서 과대광고 등에 저촉받을만한 문구를 검수하는 정도만 개입하곤 한다. 나머지는 유튜버가 자유롭게 제작하고 즉시 채널에 릴리즈하면 된다. V커머스는 홍보가 아닌 판매가 목적이기 때문이다. 참신한 기획과 높은 영상 퀄리티의 영상이라 해도 구매전환율이 낮다면 V커머스 측면에서는 실패한 프로젝트로 평가될 수 있다.

　네 번째는 제작비 지급 방식이 다르다. 브랜디드는 제작 - 릴리즈한 영상의 편당 제작비를 지급하는 반면, V커머스는 즉시 매출이 발생하므로 매출에 대한 수수료를 수익으로 배분한다. 또는 V커머스 영상제작에 대한 최소금액인 MG를 지급하고, 매출에 따라 수수료를 지급하는 RS를 섞어서 계약하기도 한다. 이러한 형태는 앞서 배운 매출 수수료를 배분하는 어필리에이트와 제작비를 지급하는 브랜디드가 혼용된 지급

방식으로 이해하면 된다.

물론 브랜디드 대비 판매만 잘되면 되니까 막 찍어도 된다는 의미는 아니다. 평소 유튜버 본인 채널의 영상 콘텐츠 대비 크게 떨어지지 않는 기획과 퀄리티로 제작하면 된다. 그리고 일정 대가를 받는 상업 콘텐츠니까 나름 신경 쓴다고 너무 세게 힘을 줄 필요도 없다. MG, RS 혼합 방식이라면 매출이 저조할 경우 최소제작비만 취하게 되고, 100% RS 방식일 경우 판매가 되지 않으면 유튜버의 수익은 교통비도 안 나올 수 준일 수 있으니 유의해야 한다.

그러면 커머스 수익을 위해 처음부터 V커머스를 해야 할까? 일단 브랜디드부터 하는 편이 좋다. 브랜디드를 통해 신뢰도가 형성된 광고주와 함께 V커머스로 확장하는 것이 가장 이상적인 V커머스의 시작이다. 브랜디드를 통해 해당 광고주 브랜드의 인지도와 상품의 평균적인 온라인 매출액이 파악된다면, 우리는 V커머스 영상 1편을 릴리즈했을 때 발생하는 매출을 예상할 수 있고 내가 가져가는 수익도 가늠할 수 있게 된다. 매출이 너무 저조할 것으로 예상한다면 V커머스는 나중으로 미루며 정중히 고사하는 것이 좋다.

광고주와의 신뢰 관계가 잘 형성되었고, V커머스로 판매하려는 상품이나 서비스의 높은 매출이 예상된다면 100% RS 방식으로 매출 수익을 공유받는 것도 좋다. 유튜버로서는 V커머스 영상 콘텐츠 1편을 제작하고 3개월이든 1년이든 양측이 합의한 계약 기간동안 꼬박꼬박 수익을 공유받을 수 있다. '캐시카우' 수익을 만들 수 있다는 점이 커머스 수익모델의 최대 장점이며, 1편에 한번의 비용을 받고 끝나는 브랜디드와는 대비되는 강점이기도 하다.

YouTube 이커머스와 라이브 커머스

커머스 수익모델의 나머지 2가지인 이커머스와 라이브 커머스를 소개하겠다.

이커머스는 90년대 후반부터 현재까지 매년 성장하고 있는 전자상거래 시장을 뜻한다. 현재는 우리 생활 속에서 빠질 수 없을 만큼 정착되어 이커머스 시장 규모는 약 200조 원에 달한다.

라이브 커머스는 2019년부터 붐업되어 현재 네이버쇼핑라이브, 쿠팡라이브가 선도하는 시장으로, 약 6조 원의 규모를 가진 신흥 시장이다. 물론 이 둘은 높은 개연성을 지니고 있다. 이커머스 기반이 갖춰진 셀러는 쉽게 라이브 커머스 방송을 할 수 있다. 반면, 라이브 커머스 기반이 갖춰진 셀러는 반드시 이커머스 환경을 구축해야한다. 라이브 커머스로 방송하려면 판매할 상품이 있어야 하고, 주문 확인 후 배송할 택배 시스템이 갖춰져야 하고, 고객을 응대할 수 있는 CS 환경이 갖춰져야 한다. 즉 라이브 커머스의 전체 프로세스 중 방송을 제외한 앞단과 뒷단은 모두 이커머스의 과정을 거쳐야 한다는 것이다. 내가 쓴 '라이브 커머스 실전 전략' 책에서도 이커머스가 두 자식을 낳았는데 첫째가 V커머스고 둘째가 라이브 커머스라고 말했을 정도로 이커머스 없이 라이브 커머스는 불가하다고 이해하면 된다.

▲ 더 자세한 내용은 공저자로 참여한 '라이브 커머스 실전전략' 도서를 참고하길 바란다.

그렇다면 이 거대한 이커머스, 라이브 커머스 시장에서 우리 유튜버는 어떤 전략으로 수익모델을 가져가야 할까? 유튜버의 커머스 수익 전략에 대한 테크트리 중심으로 설명하겠다.

첫 번째, 유튜버가 본인만의 상품을 제조, 유통하고 있다면 이러한 테크트리를 타면 된다. 처음엔 소수의 상품으로 판매를 하며 꾸준한 매출이 발생하는 경우 연관상품을 기획, 제조하며 확장한다. 전체 상품의 매출 안정화를 통해 브랜드 인지도가 점차 상승하면 스마트 스토어에서 종합몰, 오픈마켓, 전문몰까지 판매처를 확장한다. 더욱 성장할 경우 스마트 스토어만 본사 직영으로 남겨두고 전문 유통사에 마켓 판권을 대리점 형태로 준다. 또한, 네이버쇼핑라이브와 유튜버 본인 채널에서 라이브 커머스를 동시 송출로 방송한다. 종종 타 유튜버와 V커머스 협업도 한다. 이런 식의 테크트리를 타야 하고 가장 이상적인 성장 구조이기도 하다. 물론 쉬운 일은 아니다. 이 정도 규모로 운영하는 경우 적정한 인력의 채용과 자금이 수반되어야 한다.

두 번째, 타 업체의 상품을 유튜버 본인이 운영하는 스마트스토어 등에 전문적으로 유통하고 있다면 첫 번째 케이스와 유사하지만 조금 다른 테크트리를 타야 한다. 타 업체의 상품을 유통 판매하는 동시에 활발한 V커머스와 라이브 커머스를 통해 매출을 내야 한다.

이커머스의 경험치와 레퍼런스가 쌓여가며, 주목할만한 퍼포먼스가 나왔다면 이를 활용, 홍보하여 유명 브랜드 상품 소싱으로 확장해야 한다. 전문 유통사로 자리 잡게 되면 슬슬 내 브랜드를 만들고 싶다는 생각이 들게 된다. 내 브랜드를 만들고 소품종 소량 생산 전략으로 상품을 제조한다. 이후로는 첫 번째 사례의 내 상품 제조, 유통의 테크트리를 타면 된다.

세 번째, 가장 현실적인 유튜버의 커머스 수익 테크트리다. 첫 번째와 두 번째는 이커머스가 차지하는 비중이 상당히 높은 편이다. 자칫 유튜브 채널 운영에 소홀할 수 있으며, 한 가지 분명한 것은 혼자서 이커머스와 유튜브를 균형 있게 운영하는 것은 거의 불가능에 가깝다. 소수의 인력 환경하에 이커머스와 유튜브는 양립할 수 없다는 것이다.

상품이 없는 유튜버는 광고주와 협업하면 된다. 커머스 수익을 위해 무리하게 이커머스에 뛰어들 필요는 없다는 뜻이다. 유튜버는 광고주의 상품에 대한 V커머스 홍보영상을 제작해서 릴리즈하고 광고주의 쇼핑몰로 랜딩시켜 발생하는 매출에 따른 수수료를 지급받는다. 또한, 광고주 계정의 네이버쇼핑라이브에 단순 출연하여 쇼호스트 비용을 받을 수도 있다. 또는 유튜버 본인 채널에서 라이브 스트리밍을 하며 광고주에게 방송 회당 비용을 받을 수 있고 RS 형태로 매출당 수수료를 쉐어 받을 수도 있다.

커머스 수익모델을 포함하여 유튜브 수익 14가지 모델에 대해 다뤄봤다. '어? 이 방법 한 번 내 채널에 적용해볼까'하는 생각이나 '내가 이걸 어떻게 하지?'하는 생각이 들었을 것이다. 결론적으로 내가 전하고 싶은 말은, 생각보다 매우 많은 유튜버가 수익화를 이렇게 다양한 방법으로 시도하고 있으며 또 실제로 수익을 내고 있다는 것이다.

우리도 '언젠간 수익이 발생하겠지'라는 소극적인 마음을 버리고, 적극적인 비즈니스 마인드로 다양한 수익화 모델에 한 발 내딛기를 바란다.

광고대행사, 마케팅사, 에이전시에서
오는 광고 제안 메일이 '단체 메일'인지
확인해보세요.

PART. 04

유튜브 주제별 수익모델 적용하기

채널 카테고리
수익화 방안

INDEX.

밥은... 먹었냐...

가장 빠르게 수익모델을 적용할 수 있는 카테고리

01 상품·제품소개 채널

유튜브가 분류한 채널 카테고리 개요

유튜브 채널 카테고리별 수익 전략에 대해 알아보겠다. 내 채널의 카테고리 수익 전략만 보고, 나와 상관없는 카테고리는 볼 필요가 없다고 생각할 수 있다. 우리가 다른 카테고리의 전략도 살펴봐야 하는 이유를 설명하겠다.

우리는 본 책을 통해 반드시 변화될 것이다. 채널을 통째로 갈아엎을 수도 있고, 처음으로 돌아가 채널 아이덴티티를 재수립하기도 하고, 대대적으로 수익모델을 설계하는 식의 크고 작은 변화를 경험하게 될 것이다. 그리고 뜻하지 않은 재능, 취미, 일, 수익 등의 발견을 하게 되는 경우, 채널 카테고리 전환 또는 병행이라는 카드를 쓰게 될 수도 있다. 본 챕터는 다양한 유튜브 카테고리의 특성, 수익모델, 전략, 유의사항, 성공사례 등을 소개한다. 우리가 어떤 변화를 모색하는 시점에서의 중요한 결정에, 본 파트의 전체 카테고리 수익 전략은 분명 도움이 될 것으로 생각한다.

유튜브가 분류한 채널 콘텐츠 카테고리는 15개지만, 빠져있거나 매칭이 애매한 카테고리가 존재한다. 유튜브에서 정의하는 카테고리 영화/애니메이션, 자동차/교통, 음악, 애완동물/동물, 스포츠, 여행/이벤트, 게임, 인물/블로그, 코미디, 엔터테인먼트, 뉴스/정치, 노하우/스타일, 교육, 과학기술, 비영리/사회운동이다.

나는 8년간의 유튜브 강의와 컨설팅을 통한 경험과 노하우로 나름의 유튜브 카테고리를 분류하였다. 내가 분류한 카테고리는 총 35개이며 기존 유튜브 카테고리에서 빠져있는 것을 채우거나 세분화하는 식의 과정을 거쳤다. 이 중에는 수익화와는 거리가 멀어서 설명하기 어려운 카테고리는 제외하되, 최대한 다양한 카테고리를 다루도록 하겠다. 내 채널 카테고리에 해당하는 내용이 없더라도 다른 카테고리의 전략을 듣고 내 채널에 응용하는 것을 권한다.

그리고 수익모델들은 브랜디드 콘텐츠 위주로 소개할 계획이다. 총 15가지 수익모델 중 유튜버의 접근성이 가장 높고, 거의 모든 카테고리에 적용할 수 있으며, 이미 손에 익은 작업인 영상제작을 통해 창출할 수 있는 수익원이 바로 브랜디드 콘텐츠이기 때문이다. 그리고 브랜디드 콘텐츠 홍보영상제작 수익모델이 비단 '상품소개' 카테고리 유튜버만이 할 수 있는 것이 아니라는 인식의 변화가 있을 것이다. '어? 이런 채널도 이런 방식의 브랜디드로 수익을 올리는구나'라는 생각이 들게끔 우리의 비즈니스적 시야를 넓히는 것에 집중하여 알려주겠다. 또한, 브랜디드 뿐만 아니라 다른 13가지 방안 중 공통으로 적용되는 수단 활용 수익, 조회 수 수익을 제외한 팬덤, 마케팅, 커머스 수익의 적용 여부와 사례도 함께 다루겠다.

✎ YouTube 카테고리 : 상품소개(리뷰) ✎

브랜디드 수익모델에 가장 근접해있는 카테고리는 단연 상품소개, 제품 리뷰다. 현존하는 상품들은 모두 홍보가 필요하다. 기존에는 주로 덩치가 큰 TV나 신문, 잡지 지면광고가 주였고, 온라인이 발달하며 포털사이트, 블로그, 카페, 커뮤니티로 확장하다가, 1인 미디어의 성장으로 유튜브, 인스타와 같은 플랫폼에서까지 홍보하게 되었다. 특히 유튜브는 매우 특별하면서도 저렴하고 자연스럽게 홍보할 수 있는 최적의 광고판이 되었다.

실제 상품을 보여주며 기능과 장점을 설명하고, 직접 사용해보며 시연하고, 셀링포인트로 상품을 추천하면서 영상을 마무리한다. 이 영상의 시청자임과 동시에 잠재적 소비자는 반응하고 해당 브랜드와 상품에 대해 인지하며, 검색을 통해 상품을 구매하기도 한다. 홍보영상을 제작한 대가로 유튜버는 광고주로부터 제작비 또는 현물 협찬을 받는다. 상품소개 카테고리는 시작부터 브랜디드 협찬 또는 수익을 올리며 채널을 운영할 수 있다는 것이 장점이다. 또한, 채널이 성장해갈수록 더 많은 광고주로부터 브랜디드 광고를 수주할 수 있다. 잘 운영한다면 유튜브 조회 수 수익보다 더 안정적인 수익원이 될 수 있다.

반면, 단점은 예상한 대로 채널이 성장하지 않을 때 발생한다. 바로 상품 수급에 대한 문제다. 대부분의 상품소개 유튜버는 본인이 보유한 제품을 시작으로 손에 잡히는 상품을 소재로 삼는 경우가 많다. 간혹 친구, 지인의 상품을 빌리기도 한다. 구독자 몇백 명 수준일 경우 현물 협찬을 제안하는 광고주도 찾아보기 어려운 것이 현실이다. 이러한 환경이라면 우리는 어떻게 해야 할까? 본인이 모아둔 돈을 풀어서 상품을 구매하며 자비로 수급하는 것이 과연 좋은 방법일까? 이런 경우는 유튜브 시작을 잠시 보류하는 것이 좋다. 상품소개 채널을 계획한다면 사전에 치밀한 전략 수립이 필요하다. 유튜브 활동을 그만두게 되는 경우는 조회 수와 구독자 확보의 어려움이 대표적이며, 막연하게 시작했다가 소재가 고갈되는 케이스도 이에 해당한다. 상품 수급의 문제는 곧 소재 고갈로 이어질 수 있다. 그래서 저렴한 다이소 상품들 쪽으로 눈을 돌리는 유튜버들도 상당히 많다. 물론 경제적, 현실적인 상황이 고민되는 이들로서는 제일 나은 선택일 수 있지만, 저렴한 비용의 수급이 가능한 만큼 경쟁자도 많다는 것을 인지해야 한다. 채널 시작 전에 소개할 상품 카테고리의 범위를 정하고, 내가 보유한 상품 수와 고갈 예상 시점, 내가 상품 구매에 쓸 수 있는 예산과 기간 등을 고려한 전략 수립이 필요하다. 또는 친분이 있는 업체로부터 상품을 안정적으로 수급받고 유튜버는 홍보영상을 제작하는 식의 전략도 좋다.

한 지인 채널은 L사의 장난감을 전문적으로 리뷰한다. 조립 장난감으로 어른들이 더 좋아하는 키덜트 상품이다. 이 세계적인 브랜드는 인지도가 매우 높다는 장점이 있지만, 매우 비싸다는 큰 단점이 있다. 지인은 어릴 때부터 이 브랜드를 무척 좋아해서 취미로 수집하고 만들다가 유튜브를 시작한 케이스다. 하다 보니 구독자는 늘어갔지만, 상품 수급이 발목을 잡았다. 보유한 것들은 이미 콘텐츠로 소진한 지 오래고 취미 삼아 평소에 사던 패턴으로는 콘텐츠 소재를 감당하기 어려웠다. 고육지책으로 새 상품을 사서 중고장터에 팔거나, 중고장터에서 A급을 사서 리뷰한 뒤 되파는 식으로 수급했지만, 그 여정은 오래가지 못했다. 비싸게 사서 싸게 파는 중고장터의 특성상 마이너스가 계속 발생하게 되었고 결국 유튜브 활동을 접게 되었다. 상품소개 채널은 상품 수급이 정말 중요하다는 점을 유의해야 한다.

　현재 브랜디드를 포함, 다양한 수익모델로 채널을 운영하는 상품소개 카테고리 채널을 몇 개 간단히 소개하겠다. 단, 해당 유튜버가 수익적인 내용을 사생활 노출처럼 인식하여 언급이나 노출을 꺼릴 수 있으므로 정확한 채널명이나 유추될 수 있는 정보 등은 제외하고 소개하며, 단순히 카테고리별 수익 전략의 적용 예시로 들기 위한 점은 양해 바란다.

　A 채널은 30만 명대 구독자 규모의, 상품소개 카테고리 중 IT/테크 분야의 상품을 주로 리뷰한다. 이 채널의 성공요소는 여러 가지가 있지만, 상업적 콘텐츠에 대해 대응을 잘 한 케이스다. 채널 초기부터 협찬과 비 협찬 즉 '내돈내산' 상품에 대한 구분을 명확히 했고, 시청자와 구독자들도 협찬에 의한 상업 콘텐츠가 어색하지 않게끔 길들었다고 볼 수 있다. 물론 거부감을 느끼는 사람들도 많아서 '싫어요'를 누르거나 구독취소를 하곤 하지만 대세에는 지장이 없기에 일관된 스탠스로 정진하는 채널이다. 한때 유튜브 업계에 인플루언서들의 뒷광고 논란이 터졌을 때도 이 채널은 굳건히 운영을 이어갔다. 콘텐츠에 대한 명확한 구분으로 인해 그간 쌓아 올린 신용도가 한몫을 했다고 볼 수 있다. 이 채널은 광고주로부터 제품 무상증정식의 현물 협찬을 받기도 하고, 홍보영상 1편당 제작비를 받는다. 또한, 비디오 커머스 형태로도 제작해서 매출에 따른 수익을 받기도 한다.

B 채널은 20만 명대 규모로 생활용품 전반을 리뷰한다. 브랜드가 아닌 신기한 아이디어상품, 얼리어답터 상품 중심으로 소개합니다. 간혹 검증되지 않은 비 브랜드 상품으로 제품 퀄리티에 대한 이슈가 발생하기도 하지만, 이를 타개하고자 철저한 가격 비교를 통해서 가장 싸게 살 수 있는 비법을 핵심으로 콘텐츠를 만든다.

이런 채널의 콘셉트에 의해 상대적으로 경제력이 약한 20대 층에 큰 호응을 얻고 있는 채널이다.

비 브랜드 상품 위주의 환경으로 아이디어상품을 다수 취급하는 소수의 업체로부터 상품을 수급받기 때문에 소재의 고갈 우려는 크지 않다. 이러한 브랜디드 수익 외 쿠팡 파트너스와 같은 상품들도 다루며 어필리에이트 수익도 올리고 있다.

 반면 C 채널은 1,000명대의 구독자를 가진 상품소개 채널이다. 전문 쇼호스트와 같은 무명 방송인들이 출연해 상품을 소개한다. 카테고리도 다양하고 상품도 예측이 어려울 만큼 다양하다. 이들이 내세우는 것은 전문 방송인의 아나운서와 같은 상품소개 역량이다. 매우 전문적이고 그럴싸하게 보이지만 유튜버로서 특색도 없고 매력도 찾아보기 어렵다. 영상을 보면 마치 뉴스나 TV홈쇼핑을 보는 듯한 느낌을 준다. 우리는 유명한 쇼호스트 이름을 1명이라도 알고 있나? 대부분 모른다. TV홈쇼핑은 쇼호스트 중심이 아닌 상품 중심이기 때문이다. 이 채널은 이러한 특성을 간과하고 상품 중심이 아닌 방송인 중심으로 콘텐츠를 만든다. 한 예로 20만 명대 D 채널은 얼굴을 전혀 노출하지 않음에도 불구하고 채널은 고도성장하고 있다. 화자 중심이 아닌 상품 중심이기 때문이다. 이렇게 채널이 정체된 상태에서 상품 수급은 물론, 협찬과 브랜디드 수익마저도 기대하기 어려울 수밖에 없다.

 상품소개는 시작부터 수익화하기 좋은 카테고리임은 분명하다. 다만, 모든 채널이 그러하듯 명확한 채널 아이덴티티와 콘텐츠 전략, 그리고 상품 수급의 계획도 수립해야 한다. 정말 누가 봐도 특색있고 매우 유니크한 콘셉트를 앞세워서 소개하는 채널이 아니라면, 앞서 말한 정체성 수립 등의 전략은 반드시 필요하다는 점을 유념하기 바란다.

CHAPTER 02

경쟁이 치열한 인기 카테고리에서 살아남는 방법

먹방 / 뷰티 채널

YouTube 카테고리 : 먹방

이번 장에는 인기 유튜브 카테고리인 먹방, 뷰티 카테고리를 알아보겠다. 이 카테고리들도 브랜디드 콘텐츠와 큰 연관이 있으며, 다른 다양한 수익모델을 적용하기에도 비교적 수월해서 수익화에 적합한 카테고리이다.

우선 먹방 카테고리부터 다뤄보겠다. 나는 처음 먹방이 등장했을 때 '왜 남이 게걸스럽게 먹는 것을 봐야 하냐'라고 생각했던 전형적인 옛날 사람 아재다. 지금은 먹방 콘텐츠가 어색하지도 않고 식욕을 자극하는 대중화된 콘텐츠가 되었다. 먹방은 엄밀히 따지면 상품소개의 범주 안에 속한다. 상품 카테고리 중 하나인 '식품'을 자세하게 소개하지는 않지만, 먹는 시연을 하는 것에서 상품소개와 결이 다르지 않다고 볼 수 있다.

먹방은 음식을 맛깔나게 먹는 것이 핵심이다. 때론 거대한 양을 먹거나, 극한의 고통이 수반되는 자극적인 음식을 먹거나, 구토를 유발할 만큼 역하거나 괴이한 음식을 먹는 등 다양한 먹방 콘텐츠가 존재합니다. 먹방 또한 상품소개 카테고리와 마찬가지로 수익화하기 좋은 카테고리라고 볼 수 있다. 우선 먹방에는 음식이 필요하다. 그게 완전히 조리된 배달음식이건, 재료가 손질된 밀키트건, 마트에서 산 간단히 만들 수 있는 기성 식품이건 상관없다. 이 모든 음식이 먹방 유튜버의 좋은 수익 수단이 될 수 있다.

먹방 카테고리의 A 채널은 구독자 10만 명 수준이다. 매운 음식만 먹기 때문에 하나의 영상마다 높은 조회 수가 나오고, 콘텐츠의 파급력이 상상 이상이다. 먹방 채널이지만 매운 음식만 먹는 소재를 선택했고, 극한의 매운맛에 도전하는 콘셉트를 가진 채널이다. 그래서 브랜디드, 협찬하는 광고주가 제한적이라 생각할 수 있겠지만 예상 외로 큰 수익을 올리고 있다.

초기에는 불닭○○○과 같은 매운 음식의 협찬에 한정되었다. 이후 유튜버는 청양고추와 매운 향신료 등을 보유하게 되었고 생각보다 덜 매운 음식일 경우 매운 양념을 추가해서 먹곤 했다. 이를 본 광고주들은 자신들의 식품 협찬을 제안하며, 매운 양념을 곁들여서 먹는 식으로 요청하는 광고주들의 제안이 이어졌다.

구독자 30만 명 규모의 B 채널의 경우 지금은 보편화 된 ASMR 영상 형식의 먹방 채널이다. 화면 구도를 최대한 가까이 잡고 촬영하며 먹방 콘텐츠를 제작한다. 대사가 없는 ASMR 형식이라 구독자의 90% 이상이 외국인 시청자다. 이들을 위해 채널명, 영상 제목, 설명, 태그 등 모두 영어로 되어 있다. 이 채널의 협찬 광고 수익은 어떨까? 거의 제로에 가깝다. 국내에 있는 수많은 중소기업은 대부분 '국내향'으로 영업, 판매를 목적으로 한다.

해외를 주요 타깃으로 하는 상품의 비중은 그리 높지 않은 것이다. 국내 잠재적 소비자 대상으로 홍보를 원하는 광고주에게 이 채널은 30만 명 규모라 해도 전혀 매력적이지 않다. 외국인들의 홍보영상 콘텐츠 소비가 즉각적인 매출에 영향을 주지 않기 때문이다.

100만 명 이상의 인플루언서 C 채널은 거대한 양을 먹어치우는 콘셉트의 먹방 채널이다. 이 채널은 워낙 유명하기 때문에 다양한 수익모델을 갖고 있다. 협찬받은 반조리 식품을 간단히 소개하고 먹방을 시연하거나, 식당에 가서 엄청난 양의 음식을 먹는 식으로 브랜디드 콘텐츠, PPL을 기본으로 수익을 올리고 있다. 부가적으로 방송에도 간혹 게스트로 출연하여 다른 출연자들과 함께 먹방을 하는 식의 출연료 수익도 올리고 있다. 또한, 본인 채널의 이름을 딴 밀키트도 식품회사와 함께 출시해서 이커머스 쪽 수익도 올리는 등 다양한 활동으로 큰 수익을 올리고 있다.

먹방 카테고리 수익화 시 유의해야 할 점은 '진실'과 '건강'이다. 일부 유튜버는 평소 꺼리는 음식을 협찬받은 뒤 라이브를 하면서, 평소와는 다르게 소극적으로 먹다가 중간중간 교묘하게 뱉기를 반복한다. 그 모습이 시청자들에게 포착되었고 항의가 빗

발치면서 유튜버는 급하게 라이브를 종료한다. 해당 광고는 유튜버의 귀책사유로 계약을 해지되었고 처음에 받았던 착수금마저 돌려주게 된다. 다른 한 가지는 건강이다. 자극적인 음식을 무리하게 먹거나, 자신의 소화할 수 있는 범위를 초과할 만큼의 양을 먹는 등의 행위는 당연히 건강에 심각한 영향을 초래한다. 물론 협찬 광고를 소화하기 위해, 다른 콘텐츠보다 더 강한 임팩트를 위해 이렇게 하는 유튜버가 있지만, 장기적으로 봤을 때는 매우 좋지 않은 행위이다. 돈보다 중요한 것은 본인의 건강이다. 건강해야 유튜브도 지속할 수 있지 않을까?

먹방 유튜버의 음식 몰래 뱉기 행태.

햄버거 10개 먹기 도전!

채팅창

사과망치 : 먹뱉 아님?

파이써니 : 뒤에 음쓰통 ㅋㅋ
ㅋㅋㅋㅋㅋㅋㅋㅋ

주작현무 : 야 주작질 지겹다
뱉지마라 진짜로 ㅋㅋㅋ

도 전

음식물 쓰레기

아! 안뱉었다고!

무리한 양의 음식은 자제합시다.
건강에도 좋지 않습니다.

✏ YouTube 카테고리 : 뷰티 ✏

이어서 소개할 카테고리는 뷰티 카테고리이다. 뷰티 또한 상품소개, 먹방에 버금가는 수익을 올릴 수 있다. 뷰티는 이미용품, 화장품을 소재로 하기에 수익과도 직결될 수 있는 카테고리이다. 뷰티 카테고리에서도 스킨케어, 클렌징, 베이스메이크업, 선케어, 네일케어, 미용 소품, 남성 화장품 등 다양하게 세분화할 수 있다. 뷰티 영상 콘텐츠는 1편당 단품을 소개하기도 하지만 대부분 부담스럽지 않은 가격대의 여러 제품을 종합적으로 소개하며 화장을 완성한다. 기본적인 영상의 구성은 화장기없는 얼굴로 시작해서 제품을 소개하고 화장하는 과정을 보여준다. 그리고 화장 전후의 모습을 비교해서 보여주며 영상은 마무리된다.

구독자 100만 명 이상의 인플루언서 뷰티 유튜버 A는 기본적인 브랜디드 콘텐츠와 PPL을 통해 수익을 올린다. 여기에 주목할만한 부가적 수익 전략은 영상 하단에 설명글을 활용하는 것이다. 영상에서 직접 소개했던 상품들의 구매링크는 물론, 가볍게 언급했던 트러블케어에 도움이 되는 음식이나 건강보조제의 구매링크도 추가한다. 단순 상품소개뿐 아니라 해당 주제와 연관되어있는 상품을 영상에서 언급하고 설명란에 노출해서 구매를 유도한다. 이렇게 다수 상품의 브랜디드 광고를 1편에 담아 매우 효율적으로 광고하며 수익을 창출하고 있다.

30만 명대의 뷰티 유튜버 B는 중성적인 매력으로 여성 시청자들의 열렬한 지지를 얻고 있는 채널이다. 특정 뷰티 스토어 브랜드의 세일기간에 맞춰 영상을 미리 제작하여 빠르게 선보인다. 영상은 '○○○ VIP가 뽑은 핫템 모음' 식의 타이틀로, 해당 스토어 브랜드에서 판매 중인 여러 가지 상품을 리스트업 형식으로 소개하는 것이다. 일반적인 뷰티 채널 협찬 광고의 경우 화장품 브랜드 사와 협업하는 것이 대부분이지만, 이렇게 뷰티 스토어와 같은 판매처에게 광고를 받아 진행하는 독특한 케이스도 있다.

뷰티 카테고리의 특성상 여성 시청자가 대다수이므로, 여심을 공략하는 것이 매우 중요하다. 즉 콘텐츠에 상대적으로 무던하게 반응하는 남성 시청자보다 더 기민하게 전략을 수립해서 상업적 콘텐츠를 선보여야 한다.

구독자가 월 3~5만 명씩 상승하던 한 뷰티 채널은 '뒷광고' 사태로 채널 성장이 정체되는 등 유독 뷰티 유튜버가 더욱 큰 타격을 입곤 했다. 업계에서 다들 구독자 100만을 무난하게 넘길 것을 예상했던 채널이지만, 센서티브한 성향의 구독자 저항으로 인해 채널 성장이 멈추게 된 사례가 있다. 대부분 여성으로 이뤄진 구독자층인 만큼 더 진정성 있는 콘텐츠와 커뮤니케이션으로 이들과 소통하며 수익 활동을 해야 한다.

뷰티는 인기가 높은 만큼 수요도 많고 경쟁자도 많다. 주류 카테고리에서 살아남아 채널을 성장시키고 수익화를 이룰 방법은 앞서 언급한 카테고리 세분화와 타깃 설정이다.

내 영상을 누가 보는지에 따라 '메이크업 알려주는 쎈 언니'가 될 수도 있고, 옆집 동생처럼 친근한 콘셉트로 채널이 될 수도 있다. 또한, 이미 포화 상태인 뷰티 카테고리에서 천편일률적인 뷰티 특유의 화면 구도에 피로감을 느끼는 시청자들이 꽤 많다. 독특한 콘셉트나 형식, 영상 구성 등을 통해 차별화를 해야 하고, 이러한 특색이 없다면 최대한 카테고리의 바닥까지 내려가 1개의 키워드를 잡고 유튜브를 시작하기 바란다.

먹방과 뷰티 모두 대중적이고 콘셉트가 뚜렷한 카테고리이다. 채널 정체성과 타깃을 치밀하게 고민해보고 설정하여 다양한 수익화 방식을 응용, 적용해 보기 바란다.

CHAPTER 03

카테고리 고정 관념에서 탈피한 틈새 공략 비법

패션 / 교육 채널

✎ YouTube 카테고리 : 패션 ✎

이번 챕터에는 패션 카테고리와 교육 카테고리에 대해 알아보겠다. 패션 카테고리는 앞서 본 카테고리들과 비슷한 느낌이라 어느 정도 감이 오지만 교육 카테고리 수익화는 어떻게? 라는 생각을 할 수도 있다. 교육 분야 또한 수익화 방안이 존재하므로 천천히 알아보자.

패션 카테고리도 수익화를 접목하기 좋은 분야다. 뷰티에서 파생되기도 하고 패션과 뷰티를 병행하는 유튜브 채널도 많다. 패션 유튜버는 뷰티 유튜버의 성향을 같이 하는 경향이 있다. 대표적인 성향은 '영상미'이다. 뷰티 유튜브 초반에 마냥 뽀샤시 했던 영상들이 주를 이룰 때, 상품이 잘 안 보이는 현상으로 인해 광고주들의 불만이 높았던 시절이 있었다. 이러한 불만이 개선되어 적당한 영상미에 상품이 잘 보이도록 카메라의 선명도를 높이는 식으로 발전해갔다.

패션 유튜브 채널도 비슷한 수순을 밟았다. 화면 속 유튜버가 멋지고 화려한 모습을 보여주기 위해 밝기를 높이고 최대한 분위기 있는 색감으로 영상을 제작하다 보니, 역시나 유사한 불만이 속출했다. 잘 안 보이는 것도 문제인데 의류 색상 등이 왜곡되어 전달되는 것이 더 큰 문제였다. 이를 개선하고자 뷰티 유튜버와 마찬가지로 홍보영상에 대한 변화가 있었고 지금의 패션 유튜브 채널들로 성장하게 되었다.

　패션 유튜버 특유의 분위기가 가미된 착장 뷰티샷 영상은 인트로나 아웃트로, 중간 부분에 삽입하는 편이 좋다. 영상의 대부분을 차지하는 옷의 질감, 색상, 착장감 등 실질적인 정보를 전달할 때에는 현실감 있는 영상 색감과 퀄리티로 제작해야 한다. 해당 유튜브를 보는 시청자는 광고주의 매출로 연결될 수 있는 잠재적 소비자이기 때문이다.

　패션 브랜디드 콘텐츠는 먹방 카테고리처럼 다양한 형태의 광고 수익을 올릴 수 있다. 배송받은 옷을 입고 콘텐츠를 제작하는 것이 일반적이고, 특정 브랜드 매장에 가서 둘러보고 입어보며 브이로그 형식의 '하울' 콘셉트 영상을 찍기도 하고, 패션 매거진에 나온 이미지를 보며 코디하는 방법과 어울리는 의류를 추천하는 등의 리뷰 형식으로도 제작할 수 있다. 최근 언론에도 기사화됐었던, 그 자리에서 바로 다른 옷으로 갈아입는 과정에서 속옷 차림이 노출되는 식으로 피팅하는 패션 유튜브 채널들이 있다. 일부 부정적인 시선도 있지만, 이목을 끌고 이슈화된다는 전략적인 측면을 잘 활용한 영상 구성이라고 생각된다.

　패션 유튜버의 수익은 기본적인 유튜브 조회 수 수익, 팬덤 수익과 함께 패션 브랜드 광고주와의 콜라보레이션을 통한 브랜디드, PPL 협찬 광고 수익이 있다. 여기에 이

커머스, 비디오 커머스, 라이브 커머스까지 확장할 수 있다. 또한, 패션업계 모델 활동 등의 본업 수익을 기본으로 확보할 수 있는 카테고리이기도 하다. 유의사항은 본인의 비율과 기력지로는 내세울 것이 없다며 스스로 허들을 만들지 말아야 한다. 패션 유튜버 C는 하체 비만의 준말인 '하비'들을 위한 청바지 추천, 66 사이즈를 위한 여름 코디 룩북 등 매우 현실적인 채널 콘셉트로 알려져 있다. 내 몸 자체를 사랑하는, 내츄럴 사이즈의 시청자들을 위한 콘텐츠를 제작해가며 큰 호응을 얻고 있다. 물론 브랜디드 광고 수익 등도 꾸준히 올리고 있다. 본인이 만든 고정 관념에 스스로 가두지 않는 것이 유의사항이라 할 수 있다.

YouTube 카테고리 : 교육

이어 소개할 카테고리는 교육이다. 교육 카테고리인데 무슨 브랜디드 콘텐츠냐? 할수 있다. 사실 광고주의 유형 제품, 무형상품인 서비스와 앱 등을 소개하며 수익을 올리는 것에 비해 교육의 수익화는 결코 쉬워 보이지 않는다. 교육 서적, 특정학원 홍보 정도만 생각할 수 있지만, 광고 수익에 대한 소재가 의외로 많다. 예를 들어 '토익 공부법'을 알려주는 유튜브 채널 A는 다양한 광고 소재로 콘텐츠를 제작하며 수익을 올린다. 영상 후반부에 오늘 알려준 내용을 요약하면서 '오늘의 추천템'을 짧게 설명하며 영상 설명에도 해당 추천템과 구매링크를 노출한다. 토익 ○○ 파트 강화에 도움을 주는 교재 추천, 집중력에 도움을 주는 LED 스탠드, 시력보호에 탁월한 건강보조제, 허리를 든든히 받쳐주는 체어, 스터디 스케줄러 앱 등 다양한 카테고리의 상품을 추천해주며 브랜디드와 PPL 수익을 올린다. 물론 앞서 말한 주제와 동떨어지거나 막 갖다 붙인 듯한 느낌의 상품과 서비스가 아닌, 개연성 높은 상품 위주로 광고주와의 콜라보를 진행한다.

이러한 순수 교육 콘텐츠에 자연스럽게 녹여서 거부감을 최소화한 네이티브성 브랜디드 광고 수익 외 더 중요한 수익모델이 있다. 바로 '지식 정보 콘텐츠 판매' 모델이다.

영어를 알려주는 유튜브 채널 A는 한국인이 헷갈리기 쉬운 표현을 다양한 예문을 통해 알려주는데, 채널 멤버십에 가입하는 시청자들에게 전용 강의 영상과 영어 표현에 관한 Q&A 서비스를 제공한다. 대학 입시 교육 콘텐츠를 다루는 채널 B는 고등학교 1~2학년 교과 내용과 3학년 또는 재수생을 위한 강의로 나누어 2개 등급의 멤버십을 운영한다. 이처럼 교육 콘텐츠는 시청자의 지식, 교육 수준에 따라 자연스럽게 나누어진 등급에 맞춰 채널 멤버십의 등급별 보상 구조를 설계하기가 수월하다.

유튜브를 홍보 목적으로만 활용하고, 외부의 다른 플랫폼을 활용해서 온라인 교육 서비스를 제공하거나, 전자책 등 출판으로 수익을 창출하거나, 오프라인 교육을 진행하는 사례도 많이 있다. 채널을 운영하다가 인기를 얻고 다른 플랫폼이나 오프라인에서 더욱 전문적인 교육 프로그램을 운영하게 되는 사례도 있고, 원래 교육업계 종사자가 유튜브를 병행하면서 본업을 홍보하는 사례도 많다. 유튜버로 시작해서 교육으로 수익모델을 확장한 경우는 재능판매 전문 플랫폼 등을 통해서 수익을 창출하는 경우가 대부분이다. 여가의 증가와 다양한 자기계발의 욕구가 부각 되어가며 개인과 개인, 개인과 기업 간의 재능 거래 또는 교육 훈련 플랫폼들이 많이 생겨났다. 스터디파이와 같은 플랫폼들이 온 오프라인 강의 판매, 전자책 판매, 온 오프라인 코칭, 멘토링 거래를 전문적으로 중개해주고 있다.

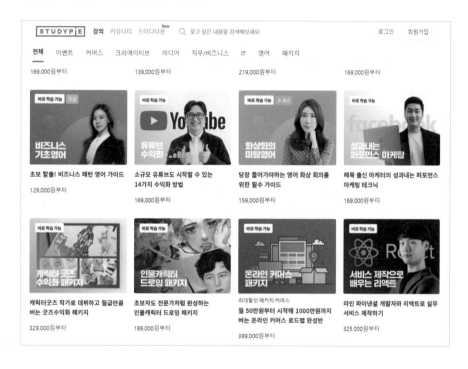

원래 교육계에 종사하던 강사가 유튜브 활동을 하면서 시너지를 내는 경우도 많다. 대표적인 사례는 유명 학원에서 엄청난 인기의 A 강사가 유튜브 채널을 개설한다. 본인 오프라인 강의에서 중요한 내용이나 재미있는 부분 등을 함께 보여주면서 구독자를 차곡차곡 확보해간다. 채널 멤버십도 운영 중이지만 유튜브에서 직접 교육 서비스를 제공하지는 않고, A 강사의 다양한 강의 정보를 확인하고 수강 신청을 할 수 있는 홈페이지를 연결 링크로 기재하는 식으로 수익을 창출하고 있다.

또 다른 유명 강사 B는 100만 명 이상의 구독자를 대상으로 다양한 과목을 교육하고 공부법을 알려준다. 유튜브 전체 영상의 설명란에 무료학습진단 문구를 노출하고 홈페이지로 유입시켜 무료서비스를 제공한다. 학습진단을 통해 자연스럽게 해당 홈페이지의 교육을 수강하게 된다. 또한, 샘플 강좌, 동기부여 코칭 등의 콘텐츠를 꾸준히 보여주며, 서적 발간 시 책 홍보와 함께 구매링크 노출, 책 구매 시 수강권 할인 등 다양한 방법으로 크로스 마케팅을 하며 막대한 수익을 올리고 있다.

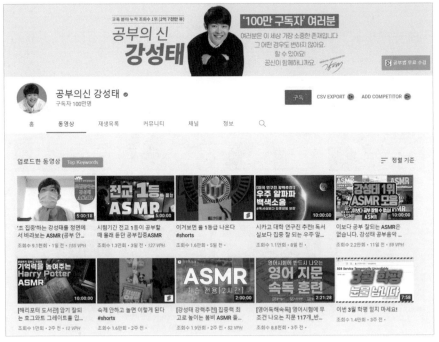

▲ 출처 : 공신닷컴 강성태 대표 유튜브 채널

교육 분야도 수익화의 원천은 채널 기획 기반과 콘텐츠다. 콘텐츠로 사람들이 몰리고 업체 상품, 서비스를 홍보하며 수익을 올리고, 더욱 성장하면 내 퍼스널 브랜딩에 의해 강좌, 서적, 온라인클래스 등으로 수익원을 확장해갈 수 있다.

이처럼 유튜브는 다양한 카테고리에 적용할 다양한 수익화 방안이 있으며, 여러 사례를 보고 본인 채널에 적용할 아이디어를 얻을 수도 있다.

정확한 오디언스 타깃팅으로 든든한 수익만드는 방법

경제. 재테크 / 시사. 정치 채널

YouTube 카테고리 : 경제. 제테크

이번 소개할 유튜브 채널 카테고리는 경제, 재테크, 시사, 정치이다. 앞으로 소개할 주제들은 앞선 주제들의 중복되는 내용이 많고 전략도 대동소이하므로 가볍게 간단히 설명하고, 사례 위주로 설명하겠다.

경제, 재테크 분야는 나날이 주목받고 있는 인기 카테고리이다. 유튜브를 통해 단순한 재미와 정보를 얻는 차원을 넘어서, 유튜브를 통해 경제, 재테크 지식과 정보를 얻고 이를 실천해가며 시청자 본인의 수익으로까지 이어질 수 있는 콘텐츠로 여겨지고 있다.

해당 분야는 본인의 전문 분야에 대한 경험, 노하우, 실행법, 성공사례 등을 알려주는 카테고리의 특성이 교육 카테고리의 콘텐츠와 유사하다고 볼 수 있다.

경제, 재테크 카테고리는 트렌드를 반영하여 경제금융, 부동산, 주식, 가상화폐, 부업, 복지 등 6개 정도로 분류할 수 있다. 몇 가지 사례를 보며 이들의 콘텐츠와 수익화 전략 등을 알아보도록 하자.

15만 명의 구독자를 보유한 경제금융 채널 A는 구글 애드센스 조회 수 수익 외 다른 수익모델은 없지만, 브랜디드 수익은 월 1천만 원을 상회한다. 이 채널의 주요 콘텐츠는 국내 은행, 캐피탈 사의 금융상품과 보험사의 상품을 자세히 분석해준다. 세부적이고 다양한 금융상품과 보험상품을 소개하다 보니, 전체를 아우르는 대중성은 다소 떨어지지만, 특정 층에 대한 타깃팅이 콘텐츠마다 매우 잘 되어 있다. '30대 기혼자는 이 상품 당장 가입하세요, 하루빨리'라는 타이틀로 해당 금융상품을 집중적으로 소개한다. 금융사가 아닌 소비자 입장으로 장단점을 명확히 알려주고 가입 예정자의 직업, 소득수준과 환경까지 비유하며 가입에 관한 판단을 시청자에게 맡긴다.

일말의 권유가 일절 없는 소비자 입장의 콘텐츠로써, 사람들에게 큰 호응을 얻고 있다. 광고주는 이러한 상품 분석 콘텐츠의 성향을 잘 알고 있으며, 다소 네거티브한 평가 내용이 들어갈수도 있는 리스크를 감내하며 광고 의뢰를 한다. 객관적인 분석과 평가로 이뤄진 콘텐츠에 시청자들이 열광한다는 것을 광고주는 누구보다 잘 알고 있기 때문이다. 그래서 간혹 브랜디드 수익이 들쑥날쑥하기도 하지만, 콘텐츠의 방향성과 소신을 잃지 않고 채널을 운영하는 모습에 구독자와 광고주로부터 신뢰도를 쌓아가며 채널을 운영하고 있다.

　구독자 30만 명 수준의 복지 채널 C는 각종 복지, 지원, 혜택 정보를 알려주는 콘텐츠를 제공한다. 정부, 부처, 지자체, 공공기관 위주의 복지 정보 콘텐츠를 서민들에게 제공한다. 각종 정책만 해도 하루가 다르게 쏟아지다 보니, 사실상 소재가 마르지 않는 샘물처럼 끊이지 않는다는 장점이 있는 분야이기도 하다. 유튜버 C는 안정적인 유튜브 조회 수 수익 외 브랜디드 수익 활동만 하고 있다.

　공익 성향의 콘텐츠다 보니 광고주가 기업이 아닌 정부, 기관 등이다. 즉 B2B가 아닌 B2G로 브랜디드를 수주하여 광고하는 방식이다. '시간당 4만원 신청마감 임박 꿀 알바!'라는 타이틀로 정부에서 장려하는 부업을 직접 소개한다. 제작비 즉 용역비가 수천만 원 수준으로 크다면 당연히 조달청 나라장터를 통해 경쟁 입찰 후 광고를 수주받지만, 제작비가 비싸지 않은 수준이라 대부분 수의계약을 통해 받는다. 이러한 B2G 거래 방식을 통해 브랜디드 수익을 올리고 있으며, 사회적기업 등과의 협업으로 B2B까지 확장할 수 있는, 공익과 선한 영향력이라는 명분으로 수익화를 이룰 수 있는 분야라고 생각된다.

70만 명의 구독자를 보유한 부동산 채널 B는 부동산 전반을 다루는 콘텐츠를 선보인다. 부동산 분야는 몇 년간 집값이 대폭 상승한 탓에 3개의 성향으로 나누어진다. 상승론, 하락론, 중립론 성향의 유튜브 채널들이 존재한다. B는 상승론 성향으로써 유주택자들의 지지를 한몸에 받는 유튜브 채널이다. 물론 이러한 확고한 성향을 가지고 있는 것은 매우 중요하다. 어떻게 될지 모르는, 날고 긴다는 전문가들조차 예상하기 어려운 이 부동산 시장에서, 확고한 의견과 소신이 없는 채널이라면 시청자들에게 외면받기 쉽다. 예견하기 어려울수록 미래가 불안할수록, 듣고 싶은 얘기를 해주기 원하는 시청자들의 특성 때문이기도 하다.

유튜버 B는 충성 구독자를 기반으로 유튜브 조회 수 수익, 라이브를 통한 슈퍼챗은 물론 슈퍼땡스, 채널 멤버십까지 활용하며 수익을 창출하고 있다. 이외 부동산 투자 관련 카페에 유입시켜 1:1 컨설팅을 하거나, 온라인클래스의 링크를 통해 수강하게 해가며 지식 콘텐츠 판매 수익도 활발히 올리고 있다.

YouTube 카테고리 : 시사, 정치

다음 소개할 분야는 시사, 정치 카테고리이다. '이건 쉽지 않은데?'라고 생각될 거다. 맞다. 흔하지 않지만, 예상 밖의 놀라운 수익 규모를 알게 될 것이다.

시사, 정치인데 정치로 줄여서 말하겠다. 정치 카테고리는 여야, 좌우, 보수와 진보가 명확히 구분되는 카테고리이다. 이 카테고리의 시청자, 구독자들은 유튜브 알고리즘을 통해 더욱 강한 신념을 갖게 된다. 알고리즘이 한쪽으로 편향된 콘텐츠를 끊임없이 추천하며, 한쪽 진영에 있는 시청자는 알고리즘에 의해 정치색이 분명해지는 현상이 발생한다. 물론 선별적으로 양쪽 콘텐츠를 소비하는 시청자들도 있지만, 이들을 유튜브 알고리즘이 가만히 둘리 없다. 이런 현상은 사회적인 문제를 일으킨다는 언론의 보도가 있었지만, 영리를 추구하는 구글이 본 사안을 신중히 다뤄서 알고리즘 자체를 대대적으로 수정/보완할 마음은 딱히 없어 보이는 것이 현실이다.

이러한 정치적 성향의 구독자로 이뤄진 채널은 막강한 화력을 자랑한다. 올라오는 콘텐츠마다 '좋아요'가 '싫어요' 대비 99% 수준의 압도적인 지지를 보내며 소비하고, 라이브 시 슈퍼챗도 시원시원하게 투척한다. 조회 수 수익은 물론 팬덤 수익인 슈퍼챗, 슈퍼땡스, 투네이션, 채널 멤버십에 쓰는 금액 단위 자체가 다를 정도다. 물론 모든 정치 채널이 이러한 것은 당연히 아니다. 작은 채널일수록 콘텐츠 내용에 공감은 하지만, 함께 댓글로 옹호하고 비판, 비난할 사람들이 적다 보니 당연히 규모가 큰 채널로 몰리기 마련이다.

100만 명 이상의 구독자를 가진 정치 채널 A는 조회 수 대비 댓글 수를 뜻하는 인게이지먼트가 약 1.5%에 달한다. 10만 조회 수 영상에 댓글이 1,500개가 달리는 것으로서, 이 수치는 0.5%~1% 선의 댓글 평균율 대비 상당히 높은 수치이기도 하다. 이렇게 열렬한 지지 속에 힘이 실려있는 영상을 보며 공감하고, 기쁨, 슬픔, 공분, 울분 등을 댓글로 풀며 주고받을 수 있는 커뮤니티가 생성된 채널이기 때문에 정치 카테고리도 채널의 부익부 빈익빈 현상이 심화하고 있는 것을 알 수 있다.

　7만 명의 구독자를 가진 정치 채널 B 또한 막강한 지지층이 형성되어 있는 채널이다. 앞서 말한 A 채널 대비 현저히 낮은 수익이지만 유튜브 조회 수 수익, 팬덤 수익 외 다양한 수익을 창출하고 있다. 새로운 뉴스가 뜨면 실시간으로 라이브를 켜고 미리 합의된 광고 배너를 띄워서 스폰서십 수익을 올린다. 또한, 영상 아래 설명글에 콘텐츠 내용과 전혀 관계없는 상품의 구매링크를 노출해서 간접적 비디오 커머스 수익도 올리고 있다. 또한, 브랜디드 콘텐츠도 직접이 아닌 간접 방식으로 설명글에 상품 또는 서비스를 노출해가며 홍보한다. 이런 형태는 간접적 비디오 커머스와 브랜디드이기도 하지만, 엄밀히 따지면 이미지나 텍스트를 노출하여 광고하는 스폰서십에 더 가깝다. 이런 개연성 없는 광고가 구독자에게 용납되는 이유는 바로 강력한 팬심 때문이다. 충성도가 매우 높기에 맥락 없는 광고가 불쑥 튀어나와도 자연스럽게 용인되는 것이다. 이러한 무조건적인 지지층을 확보할 수 있는 카테고리는 유명인, 연예인 팬클럽 채널 정도로 손꼽을 만큼 매우 특이한 케이스이다. 또한, 정치 채널 구독자는 경제 환경이 나은, 다소 높은 연령대로 구성되어 있기에 높은 수익률을 거둘 수 있고, 수익화하기 좋은 여건의 카테고리라고 할 수 있다.

이번 장에서 경제/재테크, 시사/정치와 같이 조금 독특한 카테고리에 대해 알아보았다. 시사 정치와 같이 의외로 수익화가 수월한 케이스도 있으니, 채널 강점이 진성 구독자인지, 독특한 콘텐츠인지, 협찬 상품을 다룰 상황이 많은지 등을 고려하여 수익 모델을 적용하기 바란다.

정치 카테고리는
정치색이 강할 수록 무조건적인 지지와 후원이
보장됩니다.

완전히 유튜브를
뒤집어놓았단 말이지

팩트체크, 비판, 대안제시..
완벽한 영상이야.

하지만 비판성향이 강한 만큼
조심해서 콘텐츠를 만들어야 합니다.

다양한 카테고리의 수익 전략을 내 채널에 접목하는 방법
05 이슈, 스토리텔링 외 7개 채널

✏ YouTube 카테고리 : 이슈, 스토리텔링 ✏

이번에는 총 여덟 가지 카테고리의 특성과 유의할 점 위주로 소개하겠다. 마찬가지로 내 채널에 적용할 만한 아이디어를 얻기 바란다.

이슈, 스토리텔링 분야는 비교적 생산성, 제작 효율이 높은 카테고리다. 주로 사진, 이미지, 짧은 영상을 미디어 소스로 사용하기 때문에 저작권으로부터 온전히 자유롭지 못한 카테고리이기도 하다. 이슈 채널은 매일 쏟아지는 이슈들로 인해 소재 고갈의 우려가 없으며 핫한 소재를 빠르고 임팩트있게 다루는 경우 단기간에 비약적인 채널 성장을 이룰 수 있는 카테고리이다.

이슈 카테고리의 채널들은 다양한 감정을 전달하는 채널 콘셉트를 갖고 있다. 대부분의 채널은 애드센스 수익 외 이렇다 할 수익모델이 없는 것이 사실이다. 특히 사회 이슈에 대한 비판적 성향의 네거티브 채널의 수익모델은 찾아보기 어려울 정도다.

물론 콘텐츠에 공감하고 함께 분노하며 외롭게 사투를 벌이고 있는 유튜버에게 슈퍼땡스나 도네이션과 같은 후원을 하기도 한다. 한편, 독특한 기획으로 마른 수건에서 물을 짜듯 수익화를 이뤄낸 케이스도 있다.

잊혀진 유명인들의 근황을 인터뷰 형식으로 전하는 이슈 채널 A는 특정인을 만나러 가는 영상 초입 부분에 난데없이 인터넷 가입 광고를 소개하고 안내 자막이 깔린다. 시청자들이 지루할법한 부분, 유명인을 만나러 걸어가는 와중에 중간광고식의 브랜디드 광고를 짧게 삽입한 것이다.

시청자들도 큰 거부감없이 용인하는 분위기다. 구독자 수도 60만 명대이고 잊힌 유명인을 어렵게 찾고 인터뷰까지 하는 정성에 대한 감사의 의미로 시청자들이 자연스럽게 받아들이는 것이 아닌가 생각된다.

YouTube 카테고리 : 교양, 인문

　교양, 인문 분야는 유튜버에 따라 소재의 스펙트럼을 상당히 넓게 가져갈 수 있는 카테고리다. 한국사, 외국역사부터 사람 성향, 범죄심리, 식당 문화, 모기퇴치, 운전 멀미, 지하철궁금증 등등 교양이라고 하기에는 잡학 다식한 소재들로 이뤄진 종합정보 카테고리라고 할 수 있다. 즉 마음먹고 정밀하게 수익모델을 설계한다면 모든 카테고리의 상품과 서비스 등을 수용할 수 있는 훌륭한 광고판이 될 수 있다.

　구독자 50만 명대의 교양 채널 A는 조회 수 수익 외 유일하게 하는 수익모델은 브랜디드 콘텐츠이며, 이 외 특별한 수익 활동을 하지 않는다. 단 직접적인 소개를 피하고 설명글에도 특별한 언급과 링크를 노출하지 않는다는 원칙 하 다소 방어적으로 브랜디드 콘텐츠를 제작한다. '변 잘 나오게 도와주는 영상'이라는 타이틀로 다양한 변비 탈출 비법을 알려주며 후반부에는 변비약을 추천한다. 광고주의 변비약을 브랜드와 상품 그대로의 이미지와 함께 노출하며 홍보한다. 이러한 방식은 노골적이지도 않고, 큰 거부감없이 유쾌하게 넘어갈 수 있을 수준으로 광고를 삽입하는 것이 포인트다. 교양 채널 또한 완급 조절 하에 브랜디드 광고 수익을 올릴 수 있음을 알 수 있다.

YouTube 카테고리 : 건강, 의학

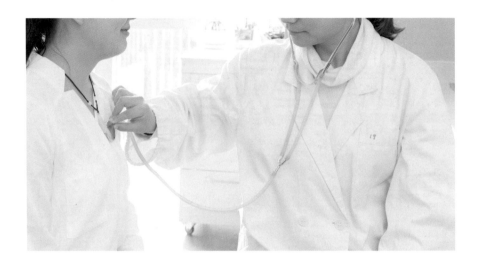

건강, 의학 분야는 보통 국가 자격이 있는 의학 전문가들에 의해 운영된다. 물론 공부를 하거나 해당 업계를 경험했던 이들도 많다. 건강 카테고리는 병원, 한의원 등 현업 전문직으로 종사하는 분들의 특성으로 인해 유튜브 비즈니스 수익 활동에 제약이 있는 편이다.

조회 수 수익, 팬덤 수익 외 마케팅, 커머스 수익은 조심스러운 것이 사실이다. 우선 직업 특성상 개인적인 건강보조제, 영양제, 약물 추천은 금지되어 있다. 그리고 일반적인 식품과 건강 관련 용품은 브랜디드 광고를 통해서 소개할 수 있지만, 전문의의 격 하락과 이미지 훼손을 우려해서 대부분 하지 않는 것이 일반적이다. 건강 카테고리는 '○○ 의원 02-000-0000 (진료시간 00~00시)' 등의 문구 노출 식으로 유튜브를 철저히 현업의 홍보 수단으로 활용하는 것이 보편적이다.

YouTube 카테고리 : 운동

운동 분야는 수요만큼 공급도 늘어나게 되어 여러 가지 분류로 세분되어 있다. 코로나로 인해 홈트레이닝이 하나의 카테고리화가 되었고, 헬스, 크로스핏, 필라테스, 스피닝 등으로 분류된다.

운동의 세분된 주제, 곧 종목별 다양한 형태로 광고 협찬을 받을 수 있다. 사실 운동을 통한 건강이라는 공동의 목표로 인해 종목을 넘나드는 다양한 상품, 물품, 서비스와의 콜라보가 가능하다. 예를 들어 헬스 채널의 경우 근육 키우기, 몸만들기 등의 기본적인 니즈 외에, 체형 교정을 통해 아름다운 몸매의 니즈가 있는 시청자를 위한 콘텐츠를 제작할 수 있다. 이때 군살 없는 체형 만들기에 도움을 주는 가정용 필라테스 기구를 추천하는 식으로 브랜디드를 제작할 수 있다.

설정한 목표를 위해 운동 종목 간의 경계를 허물어가며 다양한 방법을 추천하는 것이 핵심이라고 볼 수 있다. 100만 이상의 구독자를 가진 운동 채널 A는 '다이어트 어벤져스'라는 시리즈물 콘텐츠를 선보인다.

콘텐츠별로 등장하는 프로틴, 닭가슴살, 저염식 도시락과 체중계, 아령, 운동복 등 어지간한 물품은 다 협찬으로 받는다. 물론 이에 따른 브랜디드와 PPL 협찬 비용은 별도 제작비 명목으로 받는다. 운동 카테고리도 상품소개와 같은 브랜디드 주류 카테고리보다 더 많은 양의 광고를 1편에, 자연스러운 네이티브 형태로 노출할 수 있다는 장점이 있다.

✏ YouTube 카테고리 : 쿡방 ✏

쿡방 분야는 먹방과 살짝 결이 다르다. 같은 음식을 다루지만 먹방은 먹는 위주이고 쿡방은 음식을 만드는 하우투 형식에 포커스되어 있다. 쿡방은 TV, 잡지 등 전통미디어부터 자리 잡은 역사와 전통을 자랑하는 카테고리이다. 물론 거대한 뉴미디어 유튜브가 생겨나고 먹방 천하가 되어가며 쿡방이 외면당하는 듯했지만, 지금은 너무 많아져 버린 먹방의 성장이 점차 둔화하고, 펜데믹 현상으로 집에 있는 시간이 길어진 시청자들의 쿡방 수요가 비약적으로 늘어나는 추세다. 쿡방은 재료 선택, 준비, 손질, 조리방법, 여기에 예쁜 접시에 플레이팅하는 모습까지 보여주며 식욕을 자극하고 바로 따라 해보게끔 하는 하우투 형식의 콘텐츠이다. 이미 많은 쿡방 채널이 수익을 올리고 있고, 먹방과는 다른 상품류의 협찬을 받는다.

먹방은 음식, 식품 위주의 협찬이라면, 쿡방은 식재료와 주방용품 위주의 협찬으로 그 범위가 먹방 대비 더 넓다고 할 수 있다. 예를 들어 한 쿡방 유튜버는 새벽 배송 쇼핑몰과 제휴하여 늦은 밤에 주문하는 모습과 아침에 식재료가 도착한 모습을 영상 초반부에 보여준다. 이후 잘 포장된 식재료들을 꺼내고 조리하여 요리를 완성하는 식으로 브랜디드 콘텐츠 영상을 제작한다. 쿡방은 먹방 대비 조금 더 다양한 상품군을 협찬받아 브랜디드 수익을 올릴 수 있다는 장점이 있다.

YouTube 카테고리 : 스포츠

　스포츠는 운동 카테고리와 매우 유사하면서도 살짝 다르다. 운동은 개인의 특정 목표를 위함이라면, 스포츠는 단체성, 승부요소, 친목감 등을 지닌 생활체육의 특성을 나타낸다. 예를 들어 배드민턴을 알려주는 스포츠 채널 A는 여러 가지 기본기와 스킬을 알려준다. 이런 루틴 콘텐츠들 중간에 환기 차원으로 초보자 라켓 고르는 법, 좋은 운동복 싸게 구매하는 꿀팁, 배드민턴 전용 체육관 소개 등의 영상을 통해 브랜디드와 PPL 광고 콘텐츠를 선보인다. 이외 운동 카테고리와 마찬가지로 스포츠 실력 향상을 위한 건강식품, 운동기구 등 해당 카테고리와 크게 동떨어지지 않은 상품을 협찬받을 수 있다. 상품의 범주에 속하는 스포츠용품은 브랜디드 뿐만 아니라 이커머스를 통한 수익도 창출할 수 있다.

YouTube 카테고리 : 반려동물

국내 반려동물 인구는 1,500만 명, 가구 수는 638만으로 전체 인구의 25%가 반려동물을 키우고 있다. 반려동물을 가족으로 생각하는 '펫펨족'이 늘어남에 따라 반려동물 산업이 성장하고, 유튜브에 반려동물 채널도 많이 늘어났다.

채널 대부분은 반려견이 차지하지만, 반려묘 비중도 늘고 있다. 반려동물 채널은 귀여움, 예쁨 등의 시청자 감정이 기본적으로 깔리고, 사전에 설정되고 짜인 픽션이 아닌 논픽션이기에 더욱 호응을 얻는 카테고리이다.

반려 채널의 수익모델은 애드센스 수익, 브랜디드, PPL 정도로 다소 한정적이다. 특히 반려동물은 말도 못 하고 보호자가 원하는 대로 행동하지 않기에 라이브 스트리밍도 쉬운 일이 아니라서, 이에 따른 슈퍼챗 등의 수익은 기대하기 어렵다.

브랜디드나 PPL은 대부분 콘텐츠에 자연스럽게 녹이는 네이티브 방식으로 사료, 간식, 장난감, 훈련 도구, 강아지 옷 등에 국한되지만 반려동물 산업이 성장해감에 따라 다양한 반려 용품과 서비스로의 광고 확장을 기대해볼 수 있는 카테고리이다.

YouTube 카테고리 : 음악

음악 분야는 가창과 연주로 분류되고, 커버곡과 자작곡으로도 구분된다. 커버 곡을 소재로 하는 유튜버는 상대적으로 채널 성장이 빠른 편이다.

국내외 유명 가수들의 신곡 발매에 맞춰, 높은 검색량의 기류를 타서, 콘텐츠를 빠르게 선보이며 조회 수와 구독자를 확보하는 전략을 사용한다. 내가 무명이어도 유명 가수와 곡을 소스로 활용할 수 있기에 치트키 느낌으로 빠르게 성장할 수 있다. 단점은 유튜브 조회 수 수익의 전체 또는 일부가 해당 저작권자에게 지급되므로 높은 수익은 기대하기 어렵다. 그래서 커버 채널은 신곡, 인기곡 커버 브랜디드와 각종 온 오프라인 공연, 행사를 통해 수익을 창출하고 있다.

자작곡형 채널은 커버 채널과의 결이 매우 다르다. 싱어송라이터인 이들은 음악에 대한 프라이드가 남다르고 대중성보다는 개성을 중시한다. 본인이 추구하는 음악 세계관이 있고, 대중성과는 다소 거리가 먼 이유로 유튜브 시청자들로부터 커버송 유튜버 대비 큰 호응을 얻지 못하는 것이 일반적이다.

반면 본인의 음악과 대중적인 음악과의 밸런스를 조화롭게 유지해가며 수익 활동을 하는 채널도 꽤 많다. 자작곡 역량으로 가볍고 쉬운 CM 송을 만들고 이 노래나 연주를 뮤직비디오 형식의 브랜디드 콘텐츠로 만든다.

물론 하나의 곡을 만들고 영상으로까지 표현하는 작업이 녹록지 않지만, 중독성 있는 CM 송과 뮤직비디오 콘텐츠로 인해 광고주의 만족도는 상당히 높은 편에 속한다.

가장 자연스럽게 브랜드를 녹여낼 수 있는 콘텐츠는 음악 콘텐츠다. 이런 자작곡 브랜디드는 일반 유튜버 브랜디드 대비 1.5배에서 2배 이상의 제작비를 받아 협업하는 것이 일반적이다.

　이 외 자동차, 캠핑 레저, 영화, 여행, 코미디 유머, 일상 브이로그, 키즈, 게임 등의 분야가 있으며, 카테고리별로 적용할 수 있는 수익모델이 많기도 하고 한정적이기도 하다. 이러한 카테고리들은 앞서 말씀드렸던 15개 유튜브 카테고리의 수익모델, 전략, 사례와 크게 다르지 않고 대동소이하므로 별도로 다루지 않는 점 참고 바란다.

PART. 05

유튜버 제작지원과 협업 알아보기

외부 플랫폼 지원 및
수익 전략

INDEX.

01 한국전파진흥협회(RAPA)

유튜브 초보자부터 전문가까지

유튜버 지원 프로그램 소개 개요

우리는 앞서 다양한 수익모델과 카테고리별 수익화 방안에 대해 알아봤다. 이번 파트에는 잠시 쉬어가는 차원으로 유튜버의 영상 콘텐츠 제작지원 사업과 협업 플랫폼을 소개하겠다.

제작지원은 채널을 시작하는 이들과 채널 운영에 어려움이 있는 유튜버들에게 매우 유용한 프로그램이며, 소개할 제작지원 프로그램은 대부분 무상으로 제공된다. 잘 알아보고 챙길수록 이득이 되는 제작지원 프로그램을 소개하겠다. 또한, 기관에서 공모, 선정하는 방식으로 제작비가 지급되는 유튜버 협업 프로그램도 함께 다루겠다.

　그리고 이번 챕터에서는 유독 '크리에이터'라는 용어가 많이 나올 것이다. 크리에이터는 1인 미디어 분야의 유튜버, 인스타그래머, 스트리머, BJ, 블로거 등을 총칭하는 용어이다. 1인 미디어 산업 초기에는 공공기관들이 '유튜버'라는 용어를 사용했고, 유튜브가 한 기업의 플랫폼으로써 공익을 최우선으로 추구하지 않는 명제 하 '유튜버'가 아닌 '크리에이터'로 불리게 되었다. 그래서 공공기관의 지원 사업을 소개하는 본 챕터에서 유튜버 대신 크리에이터라는 용어가 많이 나오는 점 참고하기 바란다. 크리에이터가 곧 유튜버라고 이해하면 된다.

공공기관 제작지원과 협업 수익 - RAPA

먼저 소개할 공공기관은 라파(RAPA)라고 불리는 한국전파진흥협회다. 과학기술정보통신부 산하 (특수법인) 기관이다. '전파'라는 키워드가 유튜버와 다소 어울리지 않는 느낌을 받을 수 있다.

한국전파진흥협회는 수년간 꾸준히 1인 미디어 산업의 성장을 위한 지원 사업, 캠페인을 진행해 온 기관이다. 물론 매년 1인 미디어 산업의 급변하는 트렌드와 예산에 따른 일회성 사업도 다수 존재한다. 유튜버가 바로 지원해볼 수 있는, 한국전파진흥협회가 매년 고정적으로 운영하는 지원 사업들을 소개하겠다.

1인 창작자 콘텐츠 제작지원

첫 번째는 '1인 창작자 콘텐츠 제작지원'이다. 라파의 대표 지원 사업으로써 2014년부터 꾸준히 추진되고 있는 사업이다. 약 5~6년간 총 285팀의 유튜버를 발굴하고 콘텐츠 제작을 지원했다.

선발된 유튜버에게는 저작권 교육 및 수익화 방안 멘토링 등의 교육을 제공한다. 또한, MCN 회사 소속 크리에이터 계약 기회 부여, 유튜브와 같은 영상 콘텐츠 플랫폼 관계자 네트워킹 등의 혜택도 제공한다. 본 사업을 지원하는 유튜버가 가장 선호하는 혜택은 단연 영상 콘텐츠 제작 지원금이다.

최근 연도에는 1차 선발 60팀 중 40개 팀을 대상으로 팀당 최대 250만 원의 제작비를 지원했다. 게다가 40팀 중 최종 4팀을 선정하여 대상 1팀 300만 원, 우수상 3팀 각 100만 원의 상금도 수여한다.

나는 상금을 내건 공모전을 고운 시선으로 바라보지 않는다. 보통 총상금 1천만 원
식의 화려한 타이틀로 상금을 내걸고 대대적으로 홍보한다. 소수의 입상자에게만 상
금이 지급되고 나머지 절대다수의 유튜버들은 '들러리'를 하게 되는 식의 공모전이
그리 반갑지만은 않아 보인다. 해당 공모전의 주최 측은 저렴한 예산으로 대량의 캠
페인 영상을 확보할 수 있으니 이보다 더 좋은 마케팅 수단은 없을 것이다. 라파의
1인 창작자 콘텐츠 제작지원 사업은 기본적으로 40팀에 제작비를 지원하고 우수한
4팀에 상금을 주는 일종의 성과급, 보너스 개념이라 유튜버로서는 꽤 괜찮은 지원 사
업이라 여겨진다.

지원대상은 창의적 아이디어가 있는 국민 누구나 지원할 수 있다. 1개 채널 기준으로 개인 또는 팀이 신청 가능하며 나이, 지역 등의 제한이 없다. 또한, 1차 선발 시 제출할 기획안과 선발 후 제작할 영상은 유튜브 전용 콘텐츠면 되고 소재에 제한이 없다. 1차 선발된 60팀 중 2차 선발에 제외된 20팀은 안타깝게도 제작비를 지원받지 못한다. 하지만 비즈매칭 및 교육, 컨설팅을 지원받을 수 있으며 콘텐츠 플랫폼 관계자 네트워킹의 기회도 주어진다.

구독자 1천 명 미만 또는 애드센스 수익창출 승인 이후에도 수익화에 고전 중인 스몰 유튜버에게 편당 250만 원이라는 제작비는 결코 적은 비용이 아닐 것이다. 본 지원사업은 연 1회 운영되므로 해당 기관의 소식지를 SNS나 이메일로 구독하는 것을 권한다.

1인 미디어 창작그룹 육성사업

두 번째는 '1인 미디어 창작그룹 육성사업'이다. 앞서 소개한 '1인 미디어 창작자 콘텐츠 제작지원 사업'의 핵심은 제작비 지원이며, 1인 미디어 창작그룹 육성사업은 '제작비 지원'보다 1인 미디어 크리에이터 '육성'에 초점을 두고 있다.

잠재력 있는 1인 미디어 창작자 발굴 및 육성을 통한 1인 미디어 산업 활성화, 신인 유튜버의 초기 활동 지원으로 양질의 미디어 일자리 창출을 목적으로 하고 있다. '1인 미디어 창작자 콘텐츠 제작지원 사업'의 취지와 목적의 결이 같다고 볼 수 있다. 나는 여러 기관의 지원 사업들을 직간접적으로 경험하면서 단순 제작비 지원의 의미를 찾지 못했다. 제작비를 지원받아 콘텐츠 제작역량을 강화하고 채널 성장에 마중물 역할로 유의미하게 활용하는 것이 근본적인 취지다. 하지만 제작비를 순수하지 않은 용도로 사용하거나 소위 눈먼 돈이라는 생각으로 지원금을 받는 체리피커(cherry picker) 형태의 유튜버들도 꽤 존재한다. 이러한 일부 유튜버로 인해 지원이 절실한 채널에 갈 예산이 엉뚱한 대상에게 제공되는 폐해가 반복되고 있다.

라파가 본 사업의 타이틀을 제작비 지원이 아닌 육성에 초점을 맞춰 개시한 것은 매우 바람직한 방향이라 생각된다. 초보 유튜버에게 정말 필요한 것은 매번 물고기를 잡아주는 것이 아닌 물고기 잡는 도구를 손에 쥐여주고 방법을 알려주는 것이다. 선발팀에게는 약 5개월간 제작 장비와 오픈 스튜디오, 편집 유료 소프트웨어 등 콘텐츠 제작에 필요한 인프라를 제공한다. 또한, 채널 분석, 세무와 법률, 수익화와 사업화 전략을 주제로 한 전문 교육, 멘토링, 컨설팅, 네트워킹 기회를 제공한다.

물론 다양하고 풍성한 혜택에 비해 활용도가 낮다는 의견도 있다. 기본 촬영 장비가 갖춰진 집에서 편하게 제작하는 유튜버가 있고, 교육이 필요하나 시간의 제약으로 교육받지 못하는 유튜버도 있다.

보통 기관의 지원 사업은 모두를 만족하게 하기 어려운 것이 사실이다. 유튜버는 본인의 여건과 환경을 고려하여 최대한 지원받을 수 있는 요소를 미리 확인하고 지원하는 것을 권한다.

2021년
1인 미디어 창작그룹 육성사업 공모

전국 250팀 모집! 총 상금액 1억원!

신인 크리에이터의 초기 성장 발판 마련을 위한 콘텐츠 제작 인프라, 전문교육, 멘토링, 컨설팅, 네트워킹을 지원합니다.

■ 모집개요
- 대상: 창의적 아이디어와 성장 잠재력을 지닌 국내 1인 미디어 창작자
  ※ 개인 또는 4인 이하의 팀
- 기준: 나이, 경력, 장르, 구독자 수 등 제한 없음
- 규모: 신인크리에이터 총 250팀
  (수도권 90팀, 경상권 60팀, 전라권 40팀, 충청권 30팀, 강원권 30팀)
  ※ 권역 외 거주림일 경우에도 지원 가능하나, 접수권역 기준으로 선발 및 운영
  ※ 중복 지원 또는 권역 변경 불가

■ 시상
- 활동 종료 후 통합심사를 통해 총 30팀 선발하여 시상 (총 상금액 1억원 규모)

■ 신청접수
- 접수방법: 사업 공식 홈페이지를 통한 온라인 접수 (www.kcreator.co.kr)
  ※ 전자우편 및 방문제출 불가
- 접수기간: 2021.04.14(수)~2021.05.13(목), 18:00까지

■ 활동혜택
- 권역별 활동 인프라(스튜디오, 장비, 소프트웨어 등)
- 올바른 크리에이터로의 성장을 위한 전문교육
- 선배 창작자와의 멘토링
- 세무, 해외진출, 창업 등 각 분야 전문가 컨설팅
- 유관 사업자, 유명 크리에이터들이 함께하는 네트워킹 행사
- 대표 활동팀 홍보 지원 등

사업 후반부에는 250팀 중 30개의 우수 팀을 선발하고 시상한다. 과기정통부 장관상 포함 총 1억 원 규모의 상금을 1인 미디어 대전 행사에서 수여한다. 이는 '육성' 지원 사업의 아쉬운 부분을 완성하는 이상적 지원 사업 구조라고 볼 수 있다. 한해 153팀 지원 대비 이듬해에는 250팀 선발로 지원 규모를 대폭 늘렸다. 또한, 지역 소재 창작자에 대한 수혜를 확대하기 위해 수도권 90팀, 경상권 60팀, 전라권 40팀, 충청권 30팀, 강원권 30팀으로 전국 5개 권역 총 250팀을 선발하여 지원한다. 이후에도 지원의 규모는 더 늘어날 것으로 전망된다.

나이, 경력, 장르, 구독자 수 등의 제한이 없으며, 창의적 아이디어와 열정, 성장 잠재력을 지닌 유튜버라면 누구나 지원할 수 있다.

오리지널 콘텐츠 제작지원

세 번째는 '오리지널 콘텐츠 제작지원' 입니다. 라파가 1인 미디어 사업자의 콘텐츠 경쟁력 강화 및 자생력 배양을 위해 수년 전부터 추진하고 있는 지원 사업이다. 오리지널 콘텐츠 제작지원 사업은 1인 미디어 콘텐츠 창작자가 자체 제작 및 유통하는 영상 콘텐츠로 지식 재산권 확보를 통해 창작자 성장에 이바지하는 사업이다.

지원 규모는 총 5억 원으로써 20개사 내외를 선발하고 사업자별 최대 3천만 원이 지급이다. 지원금은 기획, 촬영, 편집, 더빙 등 순수 콘텐츠 제작 작업 비용에만 사용할 수 있다. 콘텐츠 편당 지원금이 천만 원 단위이다 보니 경쟁이 치열하며 대게 유튜브팀, 소규모 프로덕션, 사업자 단위 전문 제작팀으로 지원하는 편이다.

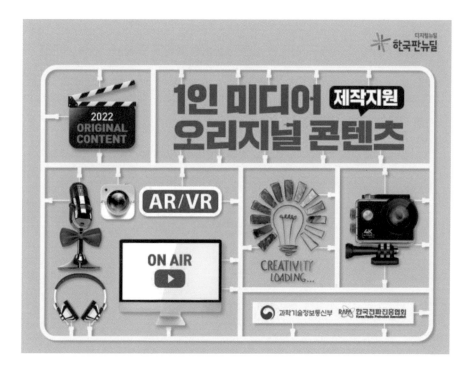

지원조건은 1인 미디어 콘텐츠 창작자 또는 미디어 콘텐츠 창작업 업종코드 등록 사업자여야 한다. 개인사업자와 법인사업자 모두 지원할 수 있으나 방송 사업자와 IPTV 사업자는 지원이 불가하다. 사업자별 지원금은 심사 후 정해진 확정금액에서

10% 이상을 현금으로 자부담해야 하며 25% 이상을 크라우드 펀딩으로 유치해야 한다. 영상은 기존 동영상 플랫폼에 유통되지 않은 오리지널 콘텐츠로써, 단편 기준으로 최소 러닝타임 15분 이상, 시리즈는 최소 러닝타임 3분 이상으로 3편 이상 제작해야 한다. 이미 제작된 작품은 당연히 신청 불가하며 기 투입된 비용도 불인정 되므로 주의해야 한다.

본 사업은 앞서 소개한 1인 창작자 콘텐츠 제작지원 사업의 심화 버전이라 볼 수 있다. 개인이 사업자를 내고 특별한 준비와 전략 없이 신청할 경우 쟁쟁한 고수들에게 밀려 떨어질 것이 분명하다. 또한, 기관 지원 사업의 특성상 각종 신청서류 준비를 기본으로 엄청난 지원 신청서 분량에 많은 시간을 허비할 수 있다. 이점 유의해서 신청하는 것을 권한다.

한국전파진흥협회의 경우, 전국에 있는 유튜버를 대상으로 하는 사업이기 때문에 전국에서 참여할 수 있지만 그만큼 사람이 많이 몰린다는 등의 장단점이 있을 수 있다. 다음 장에서는 대표적인 지역 지원 사업에 대해 알아볼 예정이니 나의 상황에 맞는 지원 사업을 찾아보기 바란다.

입상 못하면 아무것도 안줘?

이건 너무한거 아니냐고
씻팔

앙?

상금을 내건 유튜브 영상제작 공모전은
들러리가 될 가능성이 높다.

CHAPTER 02

유튜버 지원 기관의 메카

경기콘텐츠진흥원(GCA)

공공기관 제작지원과 협업 수익 - GCA

이번에 소개할 기관은 유튜버들이 많이 알고 있는 경기콘텐츠진흥원이다. 경콘진으로 불리는 경기콘텐츠진흥원은 경기도를 대표하는 콘텐츠 산업 지원 기관이다. 경기도 내 문화 · 예술에 첨단 디지털 기술을 접목하고, 기술 집약적 중소기업의 창업을 촉진하며, 산 · 학 · 연 · 관의 총체적이고 유기적인 협력 체제의 구축을 통한 기술과 정보지원 및 교육기회를 제공함으로써 문화산업의 육성은 물론 지역 문화 콘텐츠 산업의 경쟁력을 강화하여 지역경제 활성화 기여를 위해 설립되었다.

다수의 유튜버가 인지하는 대표적 제작지원 기관 중 한 곳이 바로 경콘진이다. 유튜버 지원 기관의 메카를 떠올릴 때 경기도는 경콘진, 서울은 서울산업진흥원-SBA라는 인식이 널리 알려져 있다. 스타트 유튜버의 필수 지원 사업 격인 경콘진의 1인 크리에이터 지원 사업을 소개하겠다.

'경기도 1인 크리에이터 제작지원'은 경콘진의 대표 지원 사업으로써 수년 전부터 매년 추진되고 있는 사업이다. 사업 첫해에는 총 160팀의 1인 미디어 크리에이터의 콘텐츠 제작을 지원했다. 치열한 경쟁을 뚫고 1인 크리에이터 선발 시 개인이 아닌 사업자를 의무로 내야 했다. 사업자로 지원금을 받고 지출을 증빙하는 방식이라, 개인 유튜버들은 개인사업자를 내고 지원 사업에 참여했다.

1기의 사업 명칭은 '뉴미디어 영상 콘텐츠 제작지원'이었다. 나는 본 사업의 1기로 선발되어 지원금을 받고 유튜버로 활동했다. 카테고리별 40팀을 선발했고 기획안 심사 결과에 따라 500만 원에서 1,000만 원까지 지원금을 지급했다. 스타트 크리에이터 입장에서는 꽤 큰 금액으로 여겨질 수 있으나 실상은 조금 달랐다. 자세히 들여다보면 총 20주간 주당 1편씩 20편의 영상 콘텐츠를 제작해야 한다. 최대 1,000만 원을 받는 경우 편당 계산 시 제작 지원금은 50만 원이지만, 여기서 50%는 유튜버 본인의 인건비로 인정되고 나머지 50%인 25만 원은 제작에 필요한 기자재, 시설 임차비, 여비, 재료비, 홍보물 제작비 등으로 사용해야 하고 증빙 또한 만만치 않았다.

2기에는 구독자가 많은 유튜브 채널들이 선발되어 일부 논란이 되기도 했다. 스타트 유튜버로서는 10만이 넘는 유튜브 채널은 현실적 선망의 대상이지만, 같은 지원금을 받는 환경이라면 인식은 달라지기 마련이다. '10만 구독자를 가진 유튜브 채널이 뭐가 아쉬워서 지원하나?'라는 인식이 팽배했다. 나는 2기 선발 유튜버를 대상으로 제작지원 코칭 행사에 전문가로 참여했다. 당시 유튜브랩 대표, 유튜버 법알못, 트레저헌터 안동호PD, SBA 신득수 책임과 함께 전문가 그룹으로 참여했고, 이때 토크 콘서트, 그룹 코칭, 개별 멘토링을 통해 위와 같은 이슈를 접하게 되었다. 이후 몇 년간 여러 문제점을 개선, 보완하여 경기도 1인 크리에이터 제작지원 사업의 완성도를 높여갔다.

현재 경기도 1인 크리에이터 제작지원 사업은 기존 대비 완성도 높게 변화되었다. 선발된 40팀의 크리에이터에게 일괄적으로 제작 지원금을 지급하는 형태에서, 단계별로 지원하는 형태로 고도화되었다.

1단계는 기본 역량을 점검하는 단계로써 50팀을 선정한다. 50팀에 제작비 각 250만 원을 지급하고 역량 강화 교육 프로그램을 제공한다.

2단계는 본격 사업화를 지원하는 단계로써 50팀 중 중간평가를 거쳐 30팀을 선정한다. 30팀에 제작비 각 750만 원을 지급하고 역량 강화 교육을 추가로 제공한다.

3단계는 20팀 중 우수 크리에이터 10팀을 선정하여 대외 홍보의 기회를 제공한다,

모집 조건도 촘촘하게 구성되었다. 매년 높은 경쟁률을 경신하는 경콘진 사업의 선정기준 허들이 높아진 것이다. 경기도 거주자, 경기도 소재 학생, 경기도 소재 사업장 대표자 중 1가지에 해당해야 한다. 또한, 직접 제작 업로드한 영상 콘텐츠 수가 10개 이상이며, 구독자 100명 이상 100,000명 이하의 채널 조건이 맞아야 신청할 수 있다. 최종 선정 시 협약 체결 전 경기도 소재 사업자로 등록해야 하는 조건은 기존과 같다. 모집 조건은 사업 초기부터 수정 보완해 온 터라 이후에도 조건의 큰 변화는 없을 것으로 전망된다.

1단계에 선정된 50팀은 팀별 5개 이상 영상 콘텐츠를 제작하고 채널에 업로드해야 한다. 편당 50만 원 수준으로 기존 지원금과의 차이가 없다. 유튜버 시선에서 더욱 아쉬운 점은 인건비 항목이 제외되었다는 점이다. 최대 50%까지 인정하던 인건비가 제외된 점은 개인적으로도 무척 아쉬운 점이다. 기자재·시설 임차비, 재료비, 회의비, 광고 집행 홍보비, 위탁 사업비로 전체 사업비를 구성해야 한다. 유튜버는 철저히 계획된 아이디어에 의한 제작보다, 창의적이고 즉흥적인 아이디어에 기반을 두어 콘텐츠를 제작하는 편이 더 많다. 이러한 성향은 콘텐츠 기획 시 정형화된 틀에 가두지 않는다는 장점이 있지만, 비체계적 제작 프로세스로 콘텐츠 제작 유지와 지속성에 악영향을 끼칠 수 있다. 영상 콘텐츠 제작에 필요한 항목과 비용을 미리 계획하고, 승인된 명세에 맞게 집행하는 측면으로 본다면 그리 나쁜 조정안은 아니라고도 생각된다.

앞서 누차 언급했듯 유튜버의 유튜브 활동은 영리를 위한 노동 행위이자 비즈니스이다. 과도한 인적 리소스를 줄이고 생산성을 높여야 한다. 콘텐츠 제작에 투여되는 불필요한 물적 리소스와 비용도 사전 계획하에 과감히 없애거나 줄여야 하는 자세를 취해야 한다. 이러한 연습을 경콘진 1인 크리에이터 지원 사업을 통해 경험한다 생각하기 바란다.

2단계에 선정된 30팀은 팀별 15개 이상 영상 콘텐츠를 제작해야 한다. 2단계에 올라간다고 해서 제작 편수와 이에 따른 전체 금액이 올라갈 뿐, 안타깝게도 편당 제작 지원금이 많아지지는 않는다. 편당 50만 원이며 사업비 지출 증빙 또한 1단계 조건과 같다.

모집 분야는 푸드, 뷰티, 키즈, 브이로그 등 제한이 없으며, 선정적·폭력적·비윤리적 콘텐츠는 당연히 심사에서 제외된다. 특히 타인의 영상, 이미지, 음원을 무분별하게 사용하는 저작권 위배 채널도 예외는 없으니 유의해야 한다. 심사기준은 매력도, 지속발전 가능성, 제작역량, 수행계획 평가 등의 항목으로 심사된다. 각 항목의 심사 배점은 20에서 30점으로 편차가 거의 없는 것이 특징이다.

경기도 1인 크리에이터 지원 사업은 매년 3월경에 모집이 공고되고, 경기콘텐츠진흥원 홈페이지와 SNS, 언론 뉴스를 통해서 확인할 수 있다.

이처럼 지원 사업에 대한 소식은 각 홈페이지나 SNS 등을 통해 가장 빨리 공지되므로 잊지 말고 확인하여 좋은 기회를 꼭 잡기 바란다.

서울산업진흥원(SBA)

공공기관 제작지원과 협업 수익 – SBA

이번 장에 소개할 기관은 유튜버 지원의 대표 기관인 서울산업진흥원이다. 서울산업진흥원은 서울시 중소벤처기업을 지원하고 패션, 디지털문화콘텐츠, R&D 등 고부가가치의 서울시 창조산업을 육성하는 서울시 산하 기관이다. 서울산업진흥원은 서울벤처타운, 서울패션센터, 서울애니메이션센터, 서울창업보육센터, 서울산업지원센터, [만화의 집, 서울무역전시장(SETEC), 북경서울무역관, 서울애니시네마, 동대문패션문화관, DMC첨단산업센터, 서울글로벌센터, DMC산학협력연구센터, 동대문 패션창작스튜디오] 등 다수의 기관을 산하에 두고 있다.

서울산업진흥원 전략산업본부의 미디어 콘텐츠 산업팀은 꽤 오래전부터 1인 미디어 산업의 성장과 발전에 이바지해왔다.

서울을 대표하는 유튜버 지원 기관인 서울산업진흥원의 1인 미디어 크리에이터 지원 사업을 3가지를 소개한다.

크리에이티브포스 1인 미디어 창작자 그룹

첫 번째, '크리에이티브포스 1인 미디어 창작자 그룹'이다. 줄여서 '크포'라 불리는 크리에이티브포스는 서울시와 SBA가 만든 1인 미디어 그룹이다. 현재 크포는 멤버수 654팀, 전체 채널 총 조회수는 70억뷰, 전체 채널 총 구독자는 약 5,000만 명이다.

총 구독자의 중복이 일부 있지만, 크리에이티브포스 1인 미디어 창작자 그룹은 우리나라 5,000만 인구수에 버금가는 구독자를 보유하고 있는, 국내 최대 1인 미디어 크리에이터 커뮤니티 그룹이다. 크포 멤버 중 다수는 국내향 유튜버이며, 약 200팀은 주한 외국인 유튜버와 글로벌 타깃의 해외향 유튜버이다.

총 654팀 중 CJ E&M DIA TV, 샌드박스, 트레져헌터, 비디오빌리지 등 MCN 회사에 소속된 유튜버도 다수 존재한다. MCN 계약, 소속과는 별개로 유튜버 간 네트워킹 및 콘텐츠 제작역량 강화를 위한 1인 미디어 커뮤니티 그룹이다.

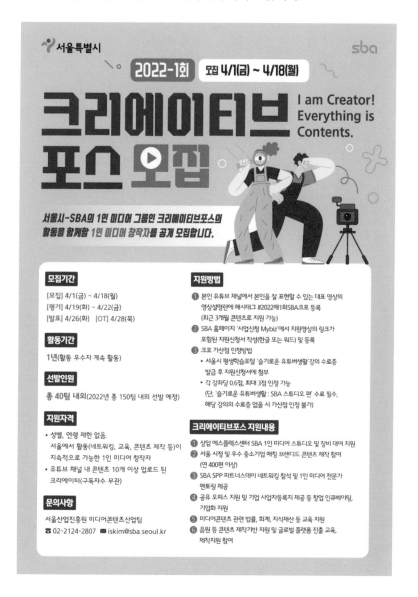

크포 멤버의 많은 비중을 차지하는, 채널 구독자 기준 1천 명 미만의 크리에이터는 약 400여 팀이다. 1만에서 10만 명 이하의 유튜버는 160여 팀이며, 10만~100만 명 이상의 '실버 버튼' 유튜버는 80여 팀이나 된다. 100만 명 이상의 '골드 버튼' 메가급 유튜버는 무려 10여 팀이 있다. 여기서 의아한 점이 있을 것이다. '왜 654팀이나 있는 거지?' 654팀은 지원 사업을 거쳐 간 누적 인원이라 생각할 수 있다.

크포는 타 기관, 지자체, 단체와는 달리 기수 제가 아닌 '누적제'로 운영된다. 유튜버 본인이 탈퇴하지 않는 한 그룹 멤버로 활동을 이어갈 수 있다. 2017년 선발된 1기 유튜버 대부분은 현재까지도 활발히 활동하고 있다.

연 1회 100팀 규모로 2017년과 2018년 두 차례 모집하다가 이후부터는 분기별 25팀 내외 규모로 모집, 선발하고 있다. 나는 100여 팀 규모의 크리에이티브포스 그룹 1기 크리에이터로 선발되었었다. 크포 2기인 2018년에는 총 200팀 중 5인의 멘토 단에 선정되어 활동했다. 나는 개인사업자로 시작해서 법인사업자를 설립하여 크포 1기 멤버로서 활동을 지속하고 있다. 거창하고 화려하지는 않지만, 나와 회사는 크리에이티브포스와 SBA의 왕성한 지원과 인큐베이팅을 통해 고도성장한 사례라 할 수 있다.

크리에이티브포스 모집은 분기별로 이뤄지며 활동 기간은 1년으로 정해져 있지만, 활동 우수자는 계속 활동할 수 있다. 여기서 활동 우수자를 별도 선정하는 것은 아니다. 타 기관의 유튜버 지원 사업은 대부분 기수 제로서, 당해 지원 사업이 종료되면 활동도 종료되는 것이 일반적이다. 물론 다음 기수 선발을 허용하는 기관도 있으며, 해당 기관과 연계된 지자체, 기관, 단체의 시설, 장비, 교육 등의 활동을 이어가는 크리에이터도 많다. 크포의 강력한 장점은 누적제를 통해 유튜버 육성과 양성을 지속한다는 점이다.

지원 자격은 성별, 나이, 서울 거주 등의 제한이 없으며, 마포구 상암동을 베이스로 한 네트워킹, 교육, 콘텐츠 제작 등의 지속적인 활동이 가능한 1인 미디어 창작자라면 지원할 수 있다. 이런 지역적 한계도 코로나 팬데믹의 영향으로 인해 대부분 비대면으로 이뤄지고 있으므로 큰 문제가 되지 않는다. 필수 지원 자격 조건은 유튜브 채널 내 영상 콘텐츠 10개 이상 업로드된 유튜브 채널이어야 한다. 우대 조건으로는 기업 홍보, 상품 홍보, 서울시 정책 등 산업 콘텐츠에 특화된 채널, 만화 · 게임 · 웹툰 · 캐릭터 등 콘텐츠 산업에 특화된 채널, 블로그 · 페이스북 · 인스타그램 · 틱톡 등 뉴미디어 플랫폼을 활용한 마케팅 유경험 유튜버를 우대한다.

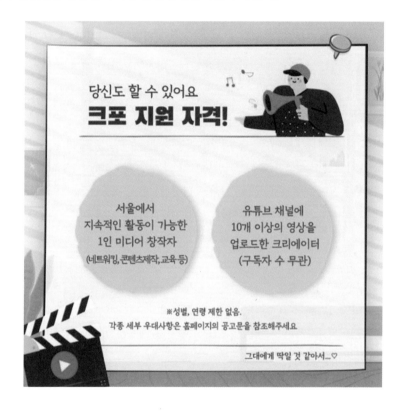

심사는 1인 미디어 전문가 평가 70%와 크리에이티브포스 멤버 30인의 평가 30%를 반영하여 선정한다. 나는 종종 70%가 반영되는 전문가 평가 위원 자격으로 심사에 참여하곤 한다. 심사는 정성적 평가 위주이며 많은 수의 유튜브 채널과 대표 영상 콘텐츠를 보며 심사한다.

심사위원마다 성향이 다르지만 나는 채널의 아이덴티티 확립 여부를 시작으로 평가한다. 콘텐츠도 물론 중요하지만, 지속 운영을 위한 채널의 전반적 목적, 방향, 콘셉트를 중요하게 보는 편이다. 심사 항목은 크게 콘텐츠 적합성과 크리에이터 역량으로 나뉜다. 콘텐츠 적합성은 콘텐츠 지속 가능성과 공공성을 평가하며, 크리에이터 역량은 창작 활동의 성실성 및 의지력, 채널 영향력 및 채널 관리 능력, 콘텐츠 기획의 참신성과 특화성 등이 있다. 나름의 평가 팁을 주자면 무분별한 저작권 위배 콘텐츠가 가득한 채널은 소위 '광탈'의 주요 원인이다. 또한, 채널의 정체성이 확립되지 않은, 이것저것 여러 주제의 콘텐츠가 있는 소위 '잡탕' 채널도 좋은 점수를 기대하기 어렵다. 그리고 최근 영상 업로드 이력이 없는 비활성 채널도 마찬가지로 좋지 않은 평가를 받을 수 있는 점을 유의하여 신청하기 바란다.

크리에이티브포스 제작 지원금

두 번째는 '크리에이티브포스 제작 지원금'이다. 크포 그룹 선정 시 유튜버에게 일괄적으로 지급되는 지원금은 없다. '1인 미디어 크리에이터 지원 사업인데 지원금이 없다니요?', 이 점이 타 기관의 지원 사업과 다른 점이다. 크포는 철저히 '우물을 판' 자에게 혜택을 주는 성과형 지원 사업이다. 타 기관은 일정 인원을 모집, 선발하여 약속된 지원금을 지급하고, 유튜버는 기관이 정한 과업을 수행하는 식이 일반적이다.

반면, 크포는 일정 인원을 모집, 선발하여 멤버가 누적된다. 전체 멤버를 대상으로 정기 또는 비정기적으로 브랜디드 콘텐츠 영상 제작, 서울시정 홍보영상 제작 등의 캠페인을 올려서 선정한다. 선정된 유튜버는 영상을 제작하고 약 60만 원에서 150만 원 수준의 제작비를 받는다.

매년 연 400회 이상의 캠페인을 올리며 전체 654팀의 신청을 받는다. 수요와 공급의 측면으로 볼 때 1개의 캠페인도 수행하기 어려워 보일 수 있다. 하지만 전체 654팀이 모두 왕성하게 활동하는 것은 아니므로 크게 우려할 필요는 없다. 또한, 활발히 활동하는 멤버 중 시정 홍보영상이나 제품 홍보영상, 즉 '유료광고' 영상 자체를 제작하지 않는 유튜버도 다수 존재한다. 여담으로 1회 캠페인 당 3곳 이상의 기업으로부터 기획안을 채택 받아 제작하는 유튜버도 꽤 있으니 참고하기 바란다.

크포 제작 지원금은 신청 멤버 간의 경쟁을 통해 선정된다. 이로 인해 약자 격 유튜버는 매번 선정되지 않는 문제로 형평성 논란이 있을 수 있다. 이것이 크포의 단점이 될 수 있지만, 항상 변수는 존재하기 마련이다. 한 사례로 '슈퍼루키 기업 홍보영상' 캠페인이 올라왔다. 본 캠페인은 25개 수혜 기업의 영상을 제작하는 캠페인이다. A 기업에 기획안이 몰려서 8팀 중 2팀이 선정되었고, B 기업은 기획안 신청이 1팀이라 그대로 선정되었다. 즉 기업당 경쟁률을 알 수 없기에 운이 좋으면 단독 신청 또는 낮은 경쟁률로 기획안이 채택될 수 있다는 것이다.

이보다 더 중요하게 우리가 생각해야 하는 것이 있다. 앞서 말한 내용이며 복습한다 생각하면 된다. 수혜 기업들도 유튜브 채널을 바라보는 안목이 좋아지며 날로 진화하고 있다. 기존에는 채널의 구독자 규모와 인기 영상 조회 수로 거의 확정하고, 적합한 기획안을 채택하는 식이었다. 물론 현재도 규모가 작은 채널보다는 구독자가 많은 채널을 선호한다. 하지만 이 규모가 기획안을 채택하는 절대적 요소는 아니다.

기업들은 자체적으로 정한 일정 수준 이상의 구독자 규모로 1차 필터링을 하는데, 허들도 낮은 편이고 신청 채널의 모수는 생각보다 많다. 2차로 최근 업로드 이력을 보며 채널의 활성 상태를 보고 업로드한 콘텐츠의 평균 조회 수를 본다. 평균 조회 수보다 더 눈여겨보는 것은 영상별 상호작용(인게이지먼트. Engagement)이다.

해당 영상의 조회 수는 낮지만 조회 수 대비 많은 댓글과 좋아요가 있다면 기업이 긍정적으로 채널을 바라볼 것이다. 반면 유료광고로 조회 수만 높거나 일방적 소통 기반의 콘텐츠로 조회 수 대비 댓글이 없는 경우 부정적으로 인식될 수 있다. 기업은 콘텐츠로써 단순 소비만 되고 끝나는 '스낵성' 영상을 선호하지 않는다. 댓글 등의 상호작용을 통해 기업의 제품·서비스가 홈페이지 유입 또는 구매 전환으로 이어지는 것을 선호하는 추세다.

한 가지 더 눈여겨보는 것은 해당 기업의 제품 또는 서비스와 결이 맞는 카테고리의 채널인가를 본다. 예를 들어 '전투 먹방' 콘텐츠를 원하는 식품제조 기업이 화사한 색감의 감성 풍부한 일상 브이로그 크리에이터와의 협업은 일반적으로 원하지 않기 때문이다. 이러한 경쟁 구도의 지원금 제작 활동은 마냥 단점이라 볼 수 없다. 채택이 안 돼서 매번 고배를 마시는 경우 좌절하고 포기하며 본 제도를 비난하는 유튜버도 있을 것이다.

우리가 유튜브 스튜디오 분석을 통해 노출 클릭률을 개선하고 시청 지속 시간을 늘리기 위해 영상 구성과 포맷을 고민하듯, 기획안도 문제점을 찾고 수정 보완해서 계속 도전하는 자세가 필요하다. 계속 떨어져도 좋다. 보완, 개선해가다 보면 어느샌가 브랜디드 콘텐츠 기획 역량이 고도성장해있음을 느끼게 될 것이다. 경쟁 구도는 단점이 아니라 본인을 한 단계 성장시키는 기반이라는 측면에서 장점이라 볼 수 있을 것이다.

크리에이티브포스 멤버 혜택

세 번째는 '크리에이티브포스 멤버 혜택'이다. 크포 멤버 선정 시 타 기관과 마찬가지로 여러 혜택이 따른다. 서울시 마포구 상암동에 있는 에스플렉스 센터 내 1인 미디어 스튜디오를 사용할 수 있고, 촬영 장비도 대여할 수 있다.

다양한 설정으로 영상 콘텐츠 촬영 및 라이브 스트리밍이 가능한 6개의 스튜디오가 있으며 2개의 편집실도 제공한다. 또한, 장비는 4K급 카메라, 렌즈, 마이크, 삼각대, 짐벌, 노트북, 메모리카드 등 유튜버의 필수 촬영 장비를 대여한다.

크포 멤버에게는 공유 오피스가 지원되며 기업의 경우 개인, 법인 상관없이 사업자 등록지를 제공한다. 공유 오피스는 유튜버와 1인 사업자가 사용하기 적합하며, 7층의 파트너스 공간을 촬영, 회의, 미팅 등 다양한 용도로 자유롭게 사용할 수 있다. 또한, 예비 창업자와 사업자에게 창업 인큐베이팅 및 기업화, 운영 컨설팅 등도 지원한다.

교육 프로그램의 활성도도 우수한 편에 속한다. 크포 멤버는 월 1회 1인 미디어 파트너스 데이에 참여할 수 있다. 오프라인 모임 기반의 파트너스 데이에 참여해서 다양한 크포 멤버들과의 네트워킹을 통해 정보와 비즈니스를 교류할 수 있으며, 시국과 상황에 따라 비대면으로도 개최되고 있다. 교육 프로그램은 크게 2개로 나뉜다.

첫째. SBA는 월 1회 파트너스 데이에 2~3인의 연사를 초청한다. 이들은 유명 유튜버, 인플루언서, 콘텐츠 기업 대표 등의 유용한 강연을 들을 수 있다. 특히 유튜브 최신 트렌드와 업데이트 사항 등의 정보를 접할 수 있는 구글코리아 유튜브 관계자가 자주 강연하곤 한다.

둘째. 다양한 크포 멤버들이 직접 강사로 강의하는 W-UP 온라인 교육이 있다. 분기별로 크포 안에서 강사를 모집하는 방식이다. 강의를 희망하는 크포 멤버는 강의 주제와 내용을 제출하고 전체 크포 멤버들이 듣고 싶은 강의를 투표로 정한다. W-UP 강의는 분기당 총 20회가량 강의가 진행된다. 유튜브 채널 운영, 촬영, 편집, 수익화, 인스타그램 활용 등 다양한 주제의 강의를 접할 수 있다. W-UP 강의는 현직 유튜버가 수많은 시행착오를 통해 얻은 실전 노하우, 스킬, 정보를 전수한다는 장점이 있다.

크포 멤버 혜택의 결정판은 최대 규모의 크리에이터 네트워킹 커뮤니티이다. 기껏해야 650팀 모여 있는 카카오톡 단체 채팅방으로 치부될 수 있지만, 절대 그렇지 않다. 나도 1기부터 오랜 기간 본 단톡방에 속해있다. 개인적으로 수많은 단톡방에 들어가고 나오기를 반복했지만 크포 단톡방은 항상 예외다. 크포 단톡방은 2개로 운영되고 650여 팀으로 구성된 '공지 전용' 방이 있으며, 다른 하나는 450여 팀이 있는 '네트워킹 전용' 단톡방이 있다. 최소한의 규정이 있지만, 선을 과도하게 넘지 않는 수준이라면 누구나 화두를 던질 수 있고 응답할 수도 있다.

커뮤니티 안에서는 규정이 무색할 만큼 매우 활발하게 소통이 이뤄지고 있으며, 영상 제작 관련 문의부터 본인 영상 홍보, 개인 일상 공유, 지원 사업 정보 공유, 구인·구직까지 네트워킹이 끊이지 않는 커뮤니티이다. 한 예로 단톡방의 한 멤버가 문의

카톡을 남긴다. 대중적이지 않은 무명의 편집 프로그램에 대한 사용법 문의인지라 답변을 듣기 어려울 것으로 생각했다.

얼마 지나지 않아 그 문의에 대한 답변이 달리고 대화가 이어지며 어느샌가 문의했던 유튜버가 감사의 인사를 전하고 있었다. 이런 사례는 크포 단톡방에서 매우 흔한 일에 속한다. 너무 생소해서 모를 법한 문의나 의견에도 명확한 답변과 다른 시각의 코멘트가 달린다. 또한, 일반적인 궁금점도 보통 10분 이내에 해결된다. 다양한 분야의 전문가가 모여 있는 크포 단톡방은 개인적 문의를 해결하고 때로는 집단 지성을 발휘하여 문제나 이슈의 의견을 주고받으며 해답을 찾아간다.

나는 8년간 350여 회를 강의, 강연하며 약 7,600명의 수강생을 만났다. 항상 빠짐없이 언급하는 것이 여러 기관의 지원 사업을 소개하고 특히 SBA 크리에이티브포스를 집중적으로 소개하는 것이다. 이때 크포의 여러 장점 중에서 유독 강조하는 혜택이 바로 단톡방 커뮤니티 문화다. 크리에이티브포스는 유튜버에게 매우 유용한 지원 사업이라 여겨진다.

지금까지 공공기관 제작지원을 기관별로 심도 있게 다뤄보았고, 다음 장에는 광고 중개 기업을 다소 가볍게 소개하겠다. 공공기관은 정부의 예산을 통해 이미 수년간 프로그램을 안정적으로 제공하는 반면, 대행사와 플랫폼 등은 개별 기업이 운영하는 환경으로 인해 개업, 폐업, 서비스중단, 변경 등의 변화가 잦은 편이다. 이러한 이유로 우리가 실행에 옮기려 할 때 서비스의 크고 작은 변화가 있으므로, 간략하게 개괄적으로 소개하도록 하겠다.

04 광고대행사, 에이전시, 중개 플랫폼 협업 전략

광고대행사, 에이전시, 중개 플랫폼 협업 전략 소개

지금까지 공공기관의 제작지원과 협업 수익에 대해 알아봤다면, 본 장에서는 중개 기업과의 협업 수익 전략에 대해 알아보겠다. 참고로 중개 기업은 공익을 목적으로 하지 않기 때문에 별도 제작지원은 없다는 점 알아두기 바란다.

자, 이제 실전이다. 뉴스를 통해 특정인이 사고 친 영상에는 꼭 이런 댓글이 달린다. '인생은 실전이다'. 공익이 아닌 각자의 이익을 추구하는 적자생존 비즈니스 현장에 온 것을 환영한다. 하지만 전혀 겁낼 필요 없다. 겁이 난다는 것은 경험해보지 못했기 때문이기도 하다. 업계 현황, 프로세스, 톤앤매너 등을 알게 되면, 우리의 비즈니스에 대한 두려움은 말끔히 사라질 것이다. 그리고 건강한 비즈니스를 통해 수익을 창출해 가며, 신나게 유튜브 활동을 지속할 수 있게 될 거다.

본 책의 내용은 챕터의 순서대로 난도가 점점 높아지게 구성했다. 공공기관의 주관 하에 브랜디드 비즈니스를 체험하고, 광고사의 중개하에 브랜디드 협업을 경험한다. 다음 챕터는 광고사의 중개 없이 광고주와 1:1 다이렉트로 브랜디드 협업하는 전략으로 구성된 내용일 것이다. 유튜버는 채널이 성장함에 따라 공공기관 제작지원 – 광고사 중개 – 중개를 포함한 광고주 직접 협업 식의 브랜디드 비즈니스 테크트리를 타는 것이 일반적이다.

우리는 먼저 광고주들이 어떤 루트로 유튜버를 알아보고 컨택 하는지를 알 필요가 있다. 광고주는 '지인 등 소개'를 제외하고, 크게 4가지 루트로 유튜버를 컨택한다. 평소 눈여겨보던 채널에 이메일을 보내 직접 컨택하기, 크몽과 같은 재능 오픈마켓에서 찾기, 중개플랫폼 포함 광고대행사를 통해 의뢰하기, MCN 회사에 의뢰하기이다. 우리가 이러한 루트에 노출되어 있는지 점검해 볼 필요가 있다. 우리에게 비즈니스가 들어오는 루트의 다양성을 확보해야 한다는 뜻이다. 그럼 추천과 비추천 루트를 하나씩 알아보겠다.

첫 번째인 유튜브 채널을 보고 직접 컨택하는 루트는 별도로 신경 쓰지 않아도 된다. 앞서 유튜버 비즈니스 에티튜드에서 말한 약간의 전술만 사용하면 된다. 그렇다고 광고주의 눈에 띄고자 채널 배너 이미지에 '광고주 대환영, 24시 대기'식으로 홍보하는 것은 당연히 매우 어색하다. 물론 시청자들도 큰 거부감을 느낄 것이다. 광고주가 우리의 채널을 보고 직접 컨택한다면 채널 정체성, 구독자 충성도, 평균 조회 수, 인게이지먼트 등 다양한 요소에 대한 검토를 이미 마친 상태일 것이다. 채널의 기본기가 탄탄하다면 자연스럽게 컨택이 올 것이다.

두 번째, 크몽과 같은 재능 오픈마켓의 루트는 브랜디드 비즈니스 전략 기조에 따라 다르기에, 추천, 비추천을 말하기 어렵다. 구체적인 내용은 브랜디드 콘텐츠 제작에서 다루도록 하겠다.

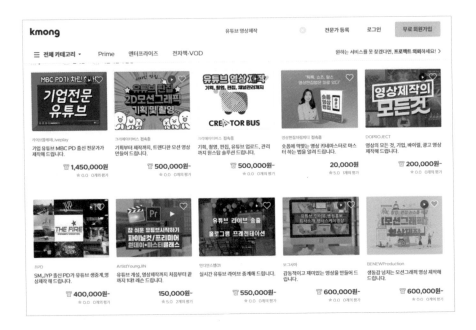

세 번째, 중개플랫폼 또는 광고대행사 루트는 당연히 추천한다. 반드시 중개 기업과의 협업을 충분히 경험하고, 광고주 다이렉트 거래로 넘어가는 게 정석은 아니다. 더 많은 수익을 위해 넘어가거나, 중개와 다이렉트를 병행하거나, 그대로 중개만 이용하는 유튜버도 많다. 광고사와의 협업만 고집하는 유튜버의 경우, 담당자가 친절하고 방어 잘해주고 수익 배분도 합리적인, 나에게 맞는 광고사를 찾아가는 시행착오 과정을 거치는 것이 좋다.

네 번째, MCN 회사를 통한 루트는 추천하지 않는다. 물론 작은 채널의 경우 MCN 회사의 오퍼가 흔하지는 않은 것이 사실이다. 규모가 커진 채널은 약속이나 한 듯, 국내 유명 MCN에서 계약 제의가 들어온다. 여기서 우리가 판단을 잘 해야 한다. 비단 돈을 많이 떼가고의 문제가 아니다. 최상위 클래스가 아닌 이상 영업적 비즈니스 지원은 크게 기대하기 어려운 것이 현실이다.

MCN 회사의 기업매출, 영업이익, 인력 구조 등의 이유로 계약만 체결된 상태인 경우가 대부분이다. 국내 MCN 회사는 매년 발생하는 영업손실 커버를 위해 투자유치에 전념한다. 투자유치에 필요한 여러 요소 중 소속 유튜버의 숫자도 중요하게 작용한다. 여기까지만 말하고 판단은 독자의 몫으로 넘기겠다.

중개 기업은 광고대행사, 광고에이전시, 마케팅사, 중개플랫폼 등 각기 조금씩 다른 서비스를 제공하지만, 모두 대동소이하므로 그냥 '광고사'라고 하겠다. 광고사를 찾는 방법은 무척 쉽다.

포털사이트에 유튜브 광고, 유튜브 홍보, 인플루언서 마케팅이라고 검색하면 수 많은 광고사가 노출된다. '이건 광고주들이 협업할 유튜버를 찾을 때 검색하는 건데 맞는 건가요?'. 그렇다. 광고사는 중개 역할이므로 항상 광고주와 유튜버, 이렇게 두 그룹이 존재해야 한다. 그래서 홈페이지에 들어가 보면 광고주, 유튜버 각각의 서비스 소개 페이지와 회원가입 페이지가 나누어져 있다.

유튜브 홍보영상이 필요한 광고주를 모으고 광고영상 제작으로 수익이 필요한 유튜버를 모집한다. 광고사는 급작스러운 수요 증가에 대비해서, 공급의 풀을 최대한 많이 둔다. 즉 유튜버 풀을 넉넉하게 확보하는 편이라, 최소한의 자격이 충족된 유튜버는 파트너로 신청할 경우 쉽게 승인되는 것이 일반적이다.

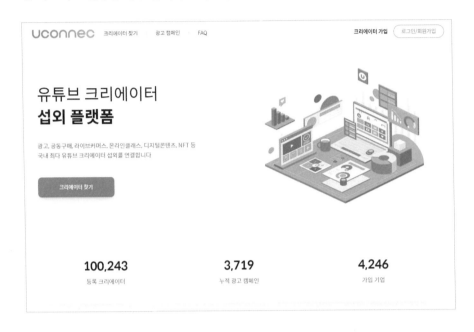

소수의 광고사에 파트너 신청을 하기보다는, 최대한 많은 광고사에 파트너로 등록하는 것을 추천한다. 광고사와 협업하다가 여러 사유로 거래를 원하지 않는 경우, 다른 광고사를 알아보고 신청하는 번거로움, 승인이 지연될 수 있는 시간적 로스 발생, 해당 광고사의 프로세스, 거래조건, 담당자들의 톤앤매너까지 새롭게 파악해야 하는 등 '일을 위한 일'을 더하게 될 수 있기 때문이다.

많은 광고사에 파트너로 등록하고, 광고사별 거래조건 등을 표로 정리해두고, 나와 맞지 않는 광고사와는 거래를 중단해가며, 최종적으로 1~2개의 파트너 광고사를 선별하는 테크트리를 타는 것이 중요하다.

광고사에 파트너 유튜버로 등록되었다면, 전체 메일 형식의 제안이 들어온다. 물론 내 채널을 특정해서 제안되는 경우도 종종 있으며, 이 경우 성사 확률이 높은 편에 속한다. 일반적인 전체 메일이 들어오면 광고주상품, 제작기한, 콘셉트, 제작금액 등 여러 조건을 살펴본 뒤, 해당 캠페인 참여 의사를 전하는 차원의 '기획안'을 양식에 맞게 작성한 뒤 제출한다. 또한, 제작 가이드를 제시하는 때도 있다. 광고주의 니즈를 반영해서 가이드가 작성된 경우 유튜버의 '기획' 요소가 들어가지 않는다는 장점이 있지만, 제작금액이 대체로 낮다는 단점도 있다.

성사가 잘 되는 유튜버도 있지만, 그렇지 않은 유튜버가 더 많은 것이 일반적이다. 앞서 말한 수요 대비 공급의 풀을 넉넉하게 둔 탓이기도 하다. 그냥 이대로 '연락 없는 걸 보니 이번에도 안 됐구나'할 것인가? 내 경험에 의한 하나의 방법을 알려주겠다. 내 채널 소개서 자료를 첨부하고 본문에 요약한 뒤 메일을 담당자에게 보낸다. 그리고 광고사의 담당자에게 전화한다.

내 소개와 함께 내 채널의 강점을 간략하면서도 적극적으로 어필한다. 이어 브랜디드 협업에 대한 강력한 의지를 비친다. 과연 통했을까? 여러 광고사에 이런 식으로 직접 제안한 결과, 5곳 중 2곳은 이후에 우선으로 제안 메일을 보내주고 되도록 성사되게끔 신경 써주는 모습을 보였다. 결국, 사람이 하는 일이라는 것이다. 이게 곧 영업이자 비즈니스다. '다른 유튜버는 그냥 기다리는데 '도의적 룰'에 어긋나는 거 아닌가요?', 비즈니스 성사에는 룰이 없다. 절실하다면 '도의적 룰'은 생각하지 말고 쟁취해야 한다.

기획안이 채택돼서 광고주와 협업을 시작하는 경우, 대부분의 과정은 광고사에서 정한 프로세스대로 움직인다. 광고주는 합의된 제작금액의 전체 또는 일부를 광고사에 선입금하고, 광고사는 일종의 에스크로 개념으로 제작금액을 예치해둔다. 제작 착수 전 필요할 경우 사전 미팅이 있을 수 있으며, 합의된 조건과 기한에 따라 유튜버는 영상을 제작한다. 제작 완료 후 광고주의 검수 과정을 거쳐 수정 또는 승인한 뒤, 유튜버는 채널에 영상을 릴리즈한다. 이후 예치되어있던 제작금액은 일정수수료를 차감한 뒤 유튜버에게 지급되는 것으로 협업 프로젝트는 종료된다.

이런 프로세스의 반복으로 우리는 광고사와의 협업을 통해 수익을 창출할 수 있다.

성사 이후 과정에서의 세부 조건은 광고사마다 다르므로, 광고사별 조건, 특이사항 등을 평소에 잘 정리해두는 식으로 인지하면서 협업하면 된다. 담당자와 약간의 친분을 쌓는 것도 좋은 방법일 수 있으며, 해당 광고사의 담당자들이 얼마나 융통성 있게 유튜버를 보호하고 대변하고, 광고주와의 분쟁 시 현명하게 조율하는지를 보는 것도 중요하다.

PART. 06

퍼스널 브랜디드 콘텐츠 마스터하기

YouTube 브랜디드 콘텐츠 비즈니스

INDEX.

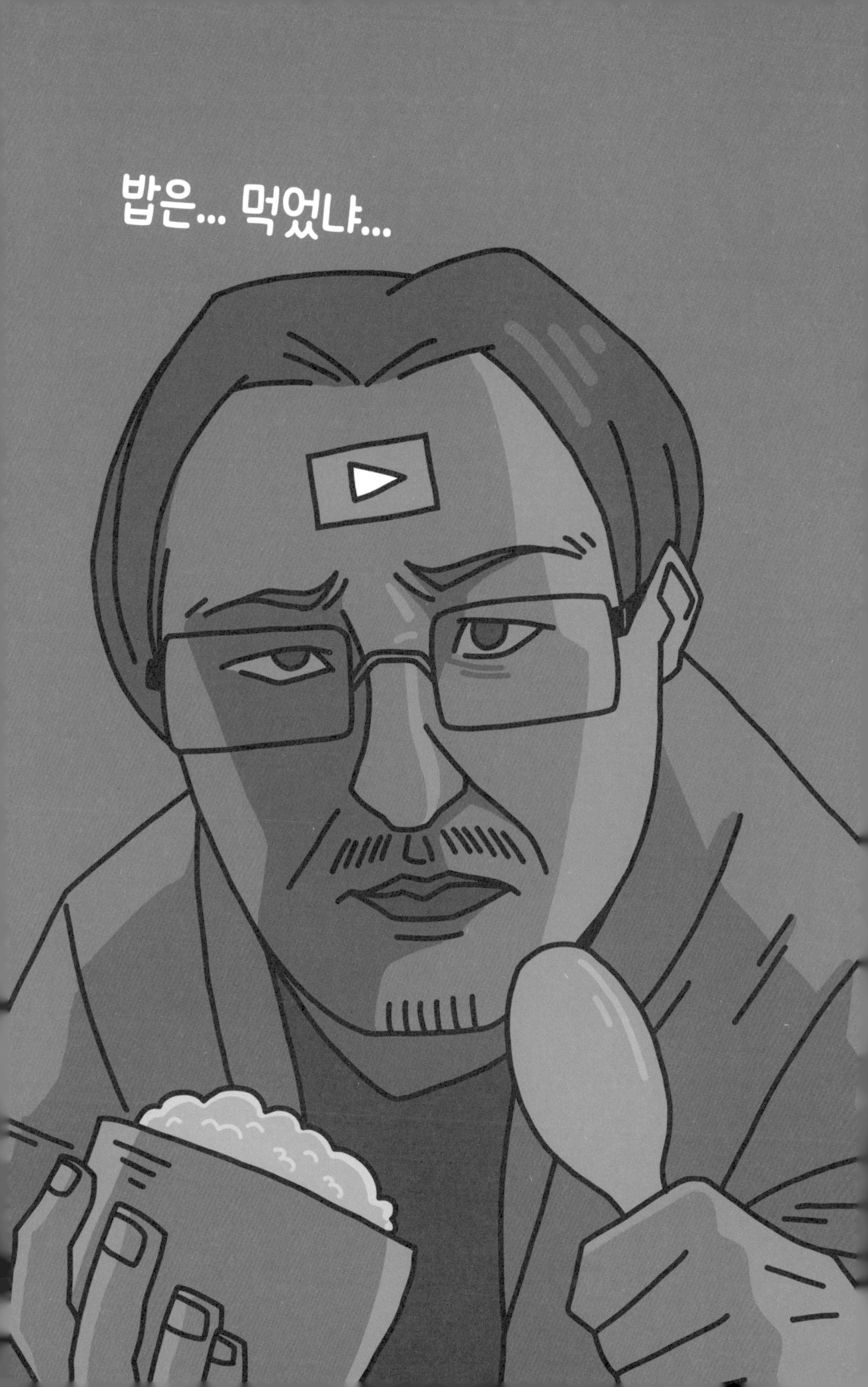
밥은... 먹었냐...

우리가 직접 브랜디드를 경험해야하는 4가지 이유

01 브랜디드 콘텐츠 비즈니스의 시작

대망의 브랜디드 콘텐츠 제작 비즈니스이다. 브랜디드는 앞선 내용을 통해 정의, 개요, 특성 등을 충분히 인지했을 거라 생각된다. 광고주 상품이나 서비스의 홍보 요소를 담아 '영상기획'을 하며, '영상제작'을 하고 내 채널에 '릴리즈'해서, 이에 따른 대가를 받는 비즈니스가 브랜디드 콘텐츠다.

본격적인 강의에 앞서, 하나 중요 포인트를 말하겠다. '그냥 광고사랑 협업하면 되죠, 돈 조금 더 벌자고 이걸 직접 하나요? 영상 만드느라 바빠 죽겠어요', 이럴 수 있다. 루틴하게 뽑아내는 영상 콘텐츠 제작만 해도 힘에 부치는 이들이 많다는 거 알고 있다. 그런데도 우리가 브랜디드 프로세스를 직접 해봐야 하는 이유를 몇 가지 말하겠다.

첫 번째, 채널을 운영하다 보면 생각보다 많은 수의 제안이 직접 들어온다. 실제로 강의, 강연, 컨설팅 이후 '이런 제안이 왔는데 어떻게 할까요?'라고 문의하는 사람들이 셀 수 없을 만큼 많다. 몇몇 사람들은 아예 내게 메일 자체를 토스해서 도움을 청하곤 한다. 내 유튜브 채널 – 정보 탭 – 세부정보 – 비즈니스 문의의 이메일 주소 보기를 통해 수집된 이메일로 제안이 들어온다. 이뿐 아니라 채널 배너 이미지에 노출된 링크들을 통해서도 문의가 들어온다. 내 홈페이지 1:1 문의, 인스타그램 DM, 블로그 댓글, 네이버 쪽지 등 다양한 루트를 통해 직접 광고주가 제안한다. 이때 광고사에 토스할 것인가? 광고사가 가져가는 수수료는 '영업의 대가' 비중이 가장 크다.

이 경우 광고사는 마케팅, 영업 활동 없이 광고를 수주받은 셈이고, 브랜디드 프로세스대로 중개한 뒤 30%의 수수료를 가져가면 된다. 마치 광고주가 차려놓은 밥상을 광고 회사에 넘겨준 뒤 2/3만 남겨서 나한테 가져오라는 것이다. 물론 광고주와 추가적인 협의를 통해 더 좋은 조건의 제작비를 받아올 수 있겠지만, 매우 드문 사례이므로 기대 안 하는 것이 좋다.

두 번째, 광고주는 '직접 컨택해서 제작비를 세이브하자'는 심리가 있다. 사람들이 싸고 좋은 제품을 찾듯, 세상의 모든 광고주는 저렴한 비용으로 큰 효과를 얻고 싶어한다. 광고주와 직접 비즈니스를 해보지 않은 유튜버는 자연스럽게 광고사에 대행의뢰를 하곤 한다. 이때 광고주는 어떤 심리가 작용할까? 대행사가 붙으니까 제작비가 높아질 수 있다는 생각을 하게 된다. 또는 협상 과정에서 제작비 절충하려 했는데 소위 '업자'가 꼈다고도 생각할 수 있다.

우리가 광고사에 수주건을 전달하는 순간 광고주는 다이렉트 거래의 메리트를 상실하게 되는 것이다. 이러한 심리로 인해 당연히 광고주와 광고사와의 협의 과정은 순탄하지 않고, 광고주는 다소 부정적이거나 방어적인 태도로 협의할 것이다.

산지 직거래하려고 사과농장에 갔는데 저기 마트가서 사라? 보험료 아끼려고 다이렉트 홈페이지 갔더니 보험설계사를 통해 가입해라? 이런 느낌이라고 이해하면 쉽다.

세 번째, 광고사와의 수수료율 조정을 통해 토스할 수도 있다. 직접 진행하기 어려운 상황이라면, 광고사에 의뢰하되, 나한테 다이렉트로 들어왔으니 광고사에게는 오퍼레이팅만 해주는 대가의 단순 대행 수수료만 주는 것이다. 몇 %를 줘야 할까? 10%? 20%? 어느 정도를 줘야 할지 감이 없을 것이다. 우리는 직접 브랜디드 비즈니스를 해본 적이 없기 때문이다. 직접 경험해봐야 단계별로 얼만큼의 리소스가 들어가는지? 얼만큼의 스트레스가 발생하는지 등을 알 수 있다. 모르면 모르는 대로 광고사, 대행사, 에이전시에서 제시하는 업계 관례적 수수료에 따를 수밖에 없지 않을까?

네 번째, 직접 경험을 통해 광고사와 협업 시 대응, 협의의 능력치가 상승한다. 단계별 특성과 톤앤매너를 알기 때문에, 때론 강하게 때론 유연하게 협의할 수 있는 역량과 비즈니스 매너가 강화된다. 또한, 채널 규모가 커져서 편집자를 고용하고, 마케팅 직원을 고용할 때 이들에게 얼만큼의 보수와 일을 분배할지도 설계할 수 있게 된다. 직접 광고를 수주해서 처음부터 끝까지 브랜디드 프로세스를 경험해본 것과, 단순히 받아서 해오던 것과 차이는 매우 크다고 볼 수 있다.

자, 브랜디드 콘텐츠 비즈니스를 위한 제1단계는 바로 '제작 단가' 설정이다. 내가 브랜디드 홍보영상 1편당 얼마를 받아야 할지 정해야 한다. 내 채널의 제작 단가를 결정하는 요소는 매우 다양하다. 채널 구독자 수, 채널 가치, 인게이지먼트, 기획력, 촬영 리소스, 영상 퀄리티, 콘텐츠 정보 유용성 등 많은 요소를 통해 단가를 결정하곤 한다. 그렇다고 너무 복잡하게, 어렵게 정할 필요는 없다. 우선, 비즈니스 단가에 대한 기조를 세워야 한다. 방향성, 대전제, 철학이기도 하다. 비즈니스 단가 기조는 비단 브랜디드에만 적용되는 것이 아니다. PPL, 출연, 행사 등 다양한 비즈니스 활동에도, 우리가 수립한 기조를 기반으로 움직여야 한다. 비즈니스 단가 기조는 쉽게 저가와 고가로 나뉜다. 보편적 관념으로 볼 때 시장과 백화점으로 비유할 수 있을 것이다.

저가 기조의 경우는 일종의 박리다매 전략이다. 단가를 낮추고 많은 광고를 수주하는 것이며, 여기서 장점, 단점은 명확하게 드러난다. 장점은 광고주로부터 제안받은 브랜디드의 성사율이 고가 대비 높아진다는 것이다. 저렴하게 설정하면 할수록 성사율은 더욱 높아질 것이다. 또 하나의 장점은 높은 성사율에 의해 많은 양의 브랜디드를 소화하고, 이러한 레퍼런스가 차곡차곡 쌓여, 채널 자체가 포트폴리오화 될 수 있다는 것이다. 광고주가 채널만 들어가 봐도 얼마나 많은 양의 브랜디드 영상을 다양하게 소화했는지를 파악하는 데에 직관적으로 도움을 준다. 여러 브랜디드 영상을 통해 '장사 잘되는 가게'라는 긍정적인 인식을 심어줄 수 있다. 여기까지가 장점이고 단점은 세부적으로 풀어서 말하겠다.

첫째, 광고주는 모두 같다. 우리가 제작 단가 파격 세일 단돈 10만 원에 제작해도 광고주는 100만 원의 퀄리티와 홍보 효과를 원한다. 즉 우리가 손해 보는 수준으로 싸게 제작한다고 해서, 광고주가 알아주지 않는다는 것이다. 10만 원이건 100만 원이건 광고주의 마음은 같다. "싸게 10만 원에 했으니까 광고주도 적당히 요구하고 바랄 거야"라는 생각은 금물이다. 그래서 저가 기조를 가진 유튜버가 가볍고 빠르게 대충 제작하려는 심리가 있는데, 대부분 광고주로부터 호되게 당하며 쓴맛을 보는 경우가 상당히 많다.

둘째, 유튜버 비즈니스 생태계에 악영향을 끼친다. '아니, 나 먹고살기도 힘든데 무슨 생태계 걱정입니까'라고 생각할 수 있다. 이런 유튜버의 개인주의적 생각이, 나중에 큰 나비효과로 우리에게 돌아오게 된다. 어떻게 올까? 우리보다 먼저 성장한 채널들이 구독자 10,000명 때 30만 원을 받았다고 가정하자. 그리고 우리의 구독자가 8,000명이 됐는데도 현실은 비용 없는 조건의 현물 협찬을 받을까 말까다. 앞선 채널이 기준을 잡아놨기 때문에 광고주들은 이 기준으로 인식하고 유튜버들과 협의하기 때문이다. 또한 우리가 8,000명에 협찬만 받았다면 더욱 작은 채널들은 협찬조차 받지 못하게 되는 악순환의 연쇄작용이 일어난다. 유튜버 생태계 전반으로 이런 저가 현상이 확산하면서 그 피해는 고스란히 본인에게 돌아오게 되는 것이다.

셋째, 어느 산업과 시장이건 늘어나는 수요만큼 공급자들이 많아지면서 치킨게임에 의한 출혈 경쟁이 심화한다. 유튜버들끼리 서로 광고를 수주하기 위해 소위 단가를 후려치는 현상이 발생한다. 유튜버 비즈니스 생태계 전체의 제작 단가가 낮게 형성되어 있다면, 더더욱 유튜버 개인의 제작 환경은 더 열악해질 수밖에 없게 된다. 또한, 일부 광고사, 광고주들이 이런 심리를 악용해서 본인들의 사익을 추구하는 것에만 급급할 수 있다. 시장 가격은 더욱 낮아질 것이며, 차후에는 구독자 10,000명이 되어도 협찬도 못 받는 시기가 올 수도 있다. 단가는 유튜브 코리아가? MCN 회사? 유튜버협회가? 누가 정해주는 것이 아니다. 우리 유튜버 스스로가 만들어 나가는 것이다. 유튜버가 만족할 수 있고 광고주가 납득할 수 있는 '시세'를 만드는 것은 우리 유튜버 자신이다.

넷째, 저 단가는 차후 채널이 성장하는 만큼의 비례 상향이 어렵다. 업계가 좁다는 말 들어봤을 것이다. 생산인구가 엄청나게 많지만, 카테고리 세분류, 즉 세분된 업계로 보면 상당히 좁다는 것을 실감할 수 있다. 그 좁은 업계에서 우리의 비즈니스 매너, 결과, 단가 등은 그들의 다양한 온 오프라인 네트워크를 통해 쉽게 공유되고 기억된다. 저가로 계속 광고를 수주하다가 채널이 급속도로 성장하고 나면, 해당 구독자 규모 수준의 일반적인 제작 단가를 받을 수 있을까? 그렇지 않다. 받던 금액이 있기에 업계에서 인정받지 못하는 경우가 많다. 10,000명 때 30만 원 받다가 50,000명이 된다고 해서 300만 원을 받을 수 있을까? 이래서 처음의 시작점이 중요한 것이다. 시작부터 적정한 단가가 책정되어야 채널 성장에 따른 비례 상향 조정이 수월하다.

하나의 실제 사례를 들자면, IT 제품을 리뷰하던 채널 A는 비용 없이 협찬만 받으며 채널을 키워갔다. 구독자 1만, 2만이 되어도 협찬만 받는 기조를 유지하다 보니 동종 카테고리 유튜버들의 불만이 있었다. 저 A 유튜버가 협찬만 받다 보니 업계에서 제작비를 지급하지 않아도 되는 인식이 깔렸기 때문이다. A 유튜버는 아랑곳하지 않고 협찬만을 받아가며 채널을 8만 명까지 키웠다. 보통 구독자 8만 명 수준이면 편당 최소 200만 원은 받아야 하지만 A 유튜버는 아직도 협찬만 받는다. '협찬만 받는 것'이 아니라 '협찬밖에 못 받는다.'가 더 정확할 것 같다. A 유튜버가 속한 업계에서는 '협찬만 해줘도 영상 만들어 줌'이라는 인식이 깊게 형성되었기 때문이다. 결국, 과감하게 협찬을 중단하고 제작비를 받는 것으로 전환을 시도했으나, 협업 제안마저 뚝 끊기는 바람에 다시 협찬 위주로 돌아오게 되었다. 간혹 제작비를 받지만, 많이 받아봤자 100만 원 내외로, 8만 구독자 규모 대비 매우 저렴한 제작 단가로 광고를 수주받고 있다.

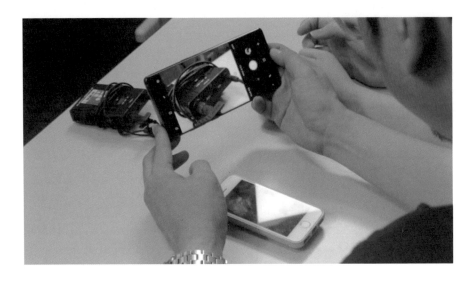

이렇게 정한 단가가 당장 내 비즈니스에도 영향을 미치지만, 업계 전체에도 영향을 미쳐 결국 다음에 내가 진행할 미래의 비즈니스로 돌아오게 된다. 다음 장에는 고가 기조의 장단점에 대해 다루겠다.

영상 제작, 협찬 홍보 단가 설정

사딸라!

무조건 사딸라!

초기 단가 설정은 매우 중요합니다.
일관된 스텐스를 위해 단단한 서비스가격 구조를
설계해야 합니다.

브랜디드 제작 단가 설정

고가 기조의 장점은 넉넉한 수익률이다. 단가가 높지만 투여되는 리소스에 큰 차이가 없으므로, 작업 대비 높은 수익을 가져갈 수 있다. 또 하나의 장점은 채널이 성장할수록 제작 단가의 비례 상향 조정이 수월하다는 점이다. 채널이 성장하는 만큼 본인이 알고 있는 정보의, 적정한 수준의 단가로 높여서 받을 수 있다.

고가 기조의 유일하면서도 치명적인 단점은 광고 제안이 잘 안 들어온다는 것이다. 저가 기조 유튜버들이 50만 원짜리 10개 할 때 나는 500만 원짜리 1개만 하면 되니까 좋은데, 제안조차 안 들어와서 굶어 죽겠다고 하소연하는 이들이 많다. 이런 경우 어떻게 해야 할까? 저들처럼 단가를 확 낮춰서 출혈 경쟁에 뛰어들 것인가? 방법을 알려주겠다.

Step1. 고단가 기조를 유지해라. 가격을 내리는 것은 최후의 보루다.

Step2. 초기 단계에서 유연한 조율 의사를 최대한 표하자. 소개서, 견적서 등의 서면상에서, 유선통화, 미팅 등 대면을 통해 유연하면서도 파격적인 거래 조건 의사가 충분히 있음을 광고주에게 상기시키는 것이 중요하다. '표준 단가는 이렇지만, 조건에 따라 얼마든지 절충할 수 있다'이다. 표준 단가는 실제 거래되는 금액이 아닌 정상 소비자가, 대외액면가라고 이해하면 된다. 그리고 계약 직전 최종 협의 시 공격적으로 절충해주면 된다.

Step3. '최대한 네고 하겠다는 의사를 표했는데 번번이 실패합니다. 어쩌죠?', 이러한 상황이 반복되면 마냥 고단가 기조를 유지할 수 없다. 이때에는 어쩔 수 없이 적정한 수준으로의 가격 조정이 필요하다. 그렇다고 너무 많이 낮추거나, 바닥 수준까지 내려서는 안 된다. 본인의 제작 단가 마지노선 최하점을 정하고, 조금씩 낮춰가며 광고주들의 반응을 살펴봐야 한다. 만약 한계선에 다다를 경우는 더는 단가에 초점을 두면 안 된다. 영상 퀄리티, 기획력, 조회 수, 인게이지먼트, 매력도 등 콘텐츠 본질적인 면에 접근해서 보완, 역량 강화, 전략수정 등의 개선을 모색하는 데에 집중해야 한다. 단가 문제가 아닐 수 있기 때문이다.

'아니, 가격을 내리는 것은 최후의 보루인데, 절대 안 내려야 하는 게 아닌가요?', 웬만해서는 안 내리는 것이 좋지만, 차후의 큰 수익보다 이번 달의 수익이 더 급한 이들도 있다. 이들에게 절대 내리지 말고 성사될 때까지 기다리라고 하는 것은 너무 무책임할 수 있다. 가장 최선은 원래 단가에서 조금씩만 내리면서 빠르게 '간'을 보자는 것이다.

하나의 팁을 말하자면, 우리가 소개서나 견적서 상 노출되는 단가는 보여주기 위한 '대외 단가'다. 대외 단가를 어느 정도 올려두면 좋은 점이 있다. 우리가 속한 업계에서 광고주들이 대외 단가만 공유한다는 사실이다. '우리 회사 이번에 A랑 유튜브 영상 찍었는데 괜찮더라', 'A 단가 한 200만 원 하지 않나?', '좀 깎아서 190에 했어'라는 대화가 오간다.

사실 A와 협업한 회사는 150에 했다. 왜 사실대로 얘기하지 않을까? 두 회사는 같은 업계에 속해서 친목도 다지고 정보도 공유하는 네트워크지만, 동종업계 경쟁회사이기도 한 것이다. 즉 본인 회사 또는 내 탁월한 영업력으로 좋은 조건에 제작한 사실을 굳이 공유해 줄 필요가 없기 때문이다. 우리의 높은 대외 단가는 공유되지만, 실거래가는 잘 공유되지 않는 점은 알아두기 바란다.

그러면 대형 MCN 3사의 유튜버 브랜디드 콘텐츠 단가표를 공개하겠다. 원본 자료는 MCN 3사로부터 노출이 허용된 자료가 아니라서 내가 엑셀로 정리한 표를 대략적으로만 보여주겠다. 구독자 1만에서 10만까지 단가는 천차만별이다.

물론 카테고리에 따라도 다르다. 최소 단가는 250이고 최대는 600이다. 평균은 350이다. 특이한 점은 구독자 3만 명대 평균이 380인데 8만 명대가 360이다? 그러면, 구독자 10만에서 30만까지의 단가도 확인해보자. 최소 단가 300이고 최대는 2,500, 평균은 650이다.

1만에서 10만 대비 전체 평균 단가는 확실히 차이가 나긴 하는데 최소 단가가 300인 채널도 있다. 왜 이렇게 중구난방일까? 명확한 단가 기준이 없기 때문이다. 심지어 이 표는 업계가 성장기에서 성숙기로 넘어갈 때의, 여러 이력과 시세에 따른, 어느 정도 굳어진 단가표이다. 도입기 때는 정말 부르는 게 값이었으나 지금은 많이 정립된 느낌이다.

< 구독자 1만 ~ 10만 크리에이터 단가 >

분야(장르)	크리에이터	구독자 (만)	제작단가 (만)
뷰티	비공개	3	250
라이프/리빙	비공개	3	600
테크/IT	비공개	3	300
라이프/리빙	비공개	4	300
테크/IT	비공개	5	300
엔터테인먼트	비공개	5	250
키즈	비공개	6	400
라이프/리빙	비공개	6	500
라이프/리빙	비공개	6	300
다이어트	비공개	7	250
푸드	비공개	7	300
라이프/리빙	비공개	8	400
라이프/리빙	비공개	8	300
엔터테인먼트	비공개	8	400
푸드	비공개	9	300
라이프/리빙	비공개	9	500
라이프/리빙	비공개	9	400
라이프/리빙	비공개	9	300
		최소 단가	250
		최대 단가	600
		평균 단가	350

▲ 2022 03월 기준 통계

유명 MCN 3사의 가격이 이렇게 제 멋대로인 것은 누가 정해주거나 강요하지 않는, 자유로운 단가 설정 문화이기 때문이다. 한 MCN 회사에서 특정 유튜버에게 단가 설정 협의를 할 때, 구독자 규모 구간별로 가이드를 주고, 해당 유튜버는 자율적으로 단가를 정한다. 5만 명대 규모 구간의 단가가 300대여도 본인이 1,000만 원 받겠다고 하면 그게 곧 본인의 단가로 정해진다. 다양하고 복잡한 요소들로 인해 본인의 브랜디드 비즈니스 가치를 정하며, 단순히 구독자 규모만 보고 가치에 따른 금액을 매길 수 없기 때문이다.

다음은 대기업, 중견, 중소기업이 모여있는 네트워크에 설문조사한 결과이다. 구독자 규모별 적정 단가에 대한 질문과 답변이다. 구독자 1만 명 내외의 경우 적정 단가는 100만 원 미만이 가장 높고 50만 원 미만이 다음으로 높았다. 구독자 2~5만인 경우 300만 원 미만이 적정하다 응답했고, 구독자 6~10만인 경우 300~500만 원이 적정하다는 답이 많았다. 계속 내용을 알아갈수록 우리의 머릿속이 복잡해질 것이다.

정리하겠다. 앞서 보여준 단가를 기본으로 우리 각각 하나의 가격을 떠올리자. '내가 받아야 하는 최소금액'을 떠올리면 된다. 채널이 성장했을 때의 비례 상향을 위해, 내 크리에이티브한 노동의 가치를 고려해, 나는 최소한 이 정도는 받아야겠다는 금액이 있을 것이다. 그 숫자에 150%를 곱한 숫자가 곧 우리의 '대외 단가'이다. 네고 한계선은 각자 떠올린 최소금액이 이에 해당한다. 150%를 곱하는 이유는 간단하다. 1편씩 단편으로 제작 의뢰가 들어오는 경우, 광고주는 기본적인 디스카운트를 요구할 확률이 매우 높다. 이건 소위 '국룰'이다. 한국적 '깎아주세요' 문화가 그대로 담긴 일종의 관례다. 2편 이상 제작하는 다 편 제작의 경우도 기본 디스카운트를 포함해서, 여러 편을 제작하므로 추가 디스카운트를 요구하는 경우가 다반사다. 우리가 일상에서 접하는 마트에서 1+1, 편의점에서 2+1 식의 관례가 콘텐츠 제작 비즈니스에도 녹아들어 있다. 실제 월평균 400여 편의 브랜디드 콘텐츠를 제작하는 유명 스튜디오도 다 편 제작 시 전체 금액에서 디스카운트되는 패키지 상품을 선보인다. 어지간해서는 대부분 네고가 들어온다는 가정하에, 대외 단가는 150% 상향해서 올려둔 뒤 이러한 광고주의 요구에 기분 좋게 대응하는 것이 좋다.

　이런 방법 외에 본인의 채널력이 가미된 노동력을 시급으로 환산해서 기획, 촬영, 편집의 총 작업시간을 곱해서 설정하는 방법도 있다. 이 경우 시급으로 환산하는 것이 어려울 수 있다. 본인이 1편을 제작할 때 대략 어느 정도의 시간적 리소스가 투여되는지, 평균적인 시간을 파악하는 것이 중요하다. 파악된 전체 시간에 채널력을 고려한 시급을 곱하는 식으로 우리의 제작 단가를 설정해 볼 수도 있다. 이는 비단 브랜디드뿐 아니라 간접홍보인 PPL, 인터뷰, 출연, 행사 등의 단가를 정하는 데에도 도움이 될 수 있다.

유료광고를 하면 구독자가 떠난다는
생각을 가진 유튜버들이 많습니다.
이것은 큰 오해입니다.

유료광고는 하기 싫은데
돈은 벌고 싶다.....

협찬을 받아? 말아?

CHAPTER 03

약자에게 강력한 무기가 되는 제작 프로세스 설정 방법

브랜디드 제작 프로세스 설정

앞서 브랜디드 콘텐츠 단가를 설정했다면, 유튜버 본인만의 제작 프로세스를 정해야 한다. 이 프로세스가 제대로 확립되어 있지 않다면 일을 두서없이 하게 될 수 있고, 의뢰한 광고주에게 주는 신뢰도가 떨어질 수 있다. 비즈니스에서의 상호 신뢰도는 무척 중요하다.

우선 본인만의 브랜디드 제작 프로세스를 정리하기 전에 일반적인 프로세스를 알아보겠다. 일반적으로 세분된 프로세스는 총 19단계로 나뉜다. 첨언하자면, 소개하는 프로세스는 단계별로도 많이 쪼개어 세분화했으므로 단계가 많다고 너무 걱정할 필요는 없다. 1단계부터 쭉 나열하자면 광고주 리스트업 - 컨택/제안/영업 - 거래 의사 타진 - 계약 전 미팅 - 견적/계약 수발 - 계약체결 - 계산서/결제 - 기획안작성 - 기획 미팅 - 기획 수정 보완 - 기획확정 - 촬영 AD - 촬영 - 편집 - 편집 수정 보완 - 제작 완료 승인 - 콘텐츠 릴리즈 - 광고집행 - 프로젝트 리포트이다.

5개 단계는 본래 우리 유튜버가 하는 일이고 나머지 14단계는 비즈니스를 위한 앞단, 뒷단 작업의 과정이다. 본 과정 중 거래 조건에 따라 불필요한 과정도 많이 있다. 약식으로 하거나, 빠른 결과물 도출이 필요하거나, 특별 건으로 낮은 단가 조건 하 거래할 경우, 중간중간 광고주가 개입해서 수정 요청 및 승인하는 식의, 유튜버에게는 다소 꺼려지는 과정들이 제외될 수 있다.

나는 여러 단계에서 우리가 에티튜드를 어떻게 가져갈 것인가? 에 대한 방향을 제시하고 싶다. 유튜버에게 일감을 제공하고 용역을 맡기는, 유튜버의 노동에 대가를 지급하는, 광고주라는 이름 하 무례하게 또는 무리한 콘셉트를 요구하는 광고주도 있을 것이고, 과도한 수정을 수차례 요구하는 광고주도 분명 있을 것이다. 물론 광고주에게 적당히 비유를 맞춰가며 친절하게 응대해야 하는 것은 맞다.

반면, 강약을 조절하며 때론 역으로 강하게 클레임을 거는 유튜버도 있다. 나는 우리가 이러한 에티튜드를 가졌으면 한다. '아니, 하다가 광고주가 너랑 안 한다고 엎어버리면 돈도 못 받고 안 되잖아요?'라고 할 수 있다. 물론 나는 우리의 권익 보호를 위해, 소개하는 프로세스 단계별로 안전장치를 마련해두었으니 걱정 안 해도 된다.

이보다 더 중요한 것은 단순히 브랜디드 수익에만 전념하면 안 된다는 것이다. 내 채널의 전체 수익 범위와 확장 테크트리를 어떻게 탈것인지에 대한 계획과 목표가 있어야 한다. 오직 브랜디드에만 몰입될 경우, 광고주가 상도에 어긋나는 부당한 처사가 발생할 경우 할 말을 해야 하는 타이밍에 적당히 수긍하고 더러워서 참고 넘어간다는 경험을 하게 될 것이다. 브랜디드가 불가피하게 엎어졌을 때 만회할 수 있는 여러 수익모델을 만들어야 한다. 그래야 본인의 심적 여유를 기반으로, 동일 입장과 선상에서 부당함에 대응하고, 적절히 절충하고 수용할 수 있게 된다. 나는 '곳간에서 인심 난다'라는 말을 좋아한다. 더는 물러설 곳이 없으면 사나워질 수밖에 없기 마련이다. 경제적 여유가 있어야 심적인 여유도 생기고 유연한 자세를 취할 수 있다고 생각한다. 이런 기반하에, 이런 경험들을 통해서 우리는 더욱 성숙하고 건강한 비즈니스를 할 수 있는 커뮤니케이션 역량과 대응 스킬이 늘게 될 것이다.

본인만의 브랜디드 제작 프로세스를 정리했다면, 이 프로세스를 토대로 광고주에게 안내할 '브랜디드 제작 프로세스표'를 만드는 것을 추천한다. 이러한 문서와 앞으로 소개할 '페이퍼'들은 우리의 '일을 위한 일'을 늘리기 위함이 아니다. 오직 광고주의 신뢰도 상승을 위한 페이퍼 작업이라고 이해하면 된다. 일반적으로 우리 유튜버는 개인으로 시작하고 채널이 성장해도 편집자 1~2명 정도를 둔 소상공인에 불과하다. 반면 광고주는 우리 유튜버 대비 구조를 갖춘 '업체', '기업'의 형태다. 즉 우리는 상대적 약자이다. 광고주는 유튜버를 한 개인으로 보는 시선이 있으며, 업체 간의 거래가 아닌 업체와 개인 간의 비즈니스로 보는 경향이 있으며, 비즈니스에 대해 허술할 것이라는 선입견이 있는 편이다. 이런 인식을 보완할 수 있는 요소들이 바로 페이퍼다. 단순 페이퍼 하나로 인해 광고주는 우리를 개인이 아닌 비즈니스 파트너 인식하고, 존중하며, 조심스럽게 대하게 해주는 힘을 갖고 있다.

브랜디드 제작 프로세스표는 간단하게 작성할 수 있으며, 한번 만들어놓으면 프로세스 대전제가 바뀌지 않는 이상 쭉 활용하면 된다. 브랜디드 제작 프로세스표의 단계는 일반적으로 기획 – 사전협의 – 제작 – 발행 – 확산 – 리포트 식의 6단계로 구성된다. 6단계는 거래 의사 타진에서 계약체결까지 여러 단계의 앞단 과정은 제외되며, 계약 이후의 프로세스를 보여주는 표라고 이해하면 쉽다.

▌MD Studio 브랜디드 콘텐츠 제작 프로세스

기획	사전협의	제작	발행	확산	리포트
광고주의 상품을 분석하여 최적의 스토리라인, 콘셉트 등 기획	1차 기획안을 바탕으로 해당 브랜드와 기획안에 대해 상호 협의	상호 협의된 사항을 바탕으로 영상 콘텐츠 제작	MD 스튜디오 보유 채널을 통한 콘텐츠 발행	콘텐츠 확산을 위한 플랫폼별 광고관리자 툴 광고 집행	최종 결과와 인터렉션에 관한 지표, 데이터를 광고주에 공유

1단계인 기획은 광고주의 상품을 분석하여 최적의 스토리 라인, 콘셉트 등을 기획한다. 사전협의는 1차 기획안을 바탕으로 해당 브랜드와 기획안에 대해 상호 협의한다. 제작은 상호 합의된 사항을 바탕으로 영상 콘텐츠를 제작한다.

발행은 유튜브 채널에 콘텐츠를 릴리즈 한다. 5단계인 확산은 콘텐츠 확산을 위한 플랫폼별 광고관리자 툴로 광고를 집행한다. 유튜브 채널에만 릴리즈할 경우 광고 툴은 '구글애즈'다. 마지막 리포트는 최종 결과와 인터렉션에 관한 지표, 데이터를 광고주에게 공유한다.

이렇게 광고주에 제시할 브랜디드 제작 프로세스표를 사전에 작성해두는 편이 좋다. 대부분 광고주는 브랜디드 제작 과정이 궁금한 것과 함께, 체계적으로 제작되는지에 대한 의구심이 들기 마련이다. 프로세스표는 이러한 의구심을 불식시키고 자연스럽게 신뢰도를 상승시켜주는 역할을 한다.

그럼 브랜디드 제작 프로세스 1단계부터 하나씩 자세히 소개하겠다. 이 프로세스는 브랜디드 비즈니스를 위해 꾸준히 루틴하게 해야 하는 과정이다.

1단계는 '광고주 리스트업'이다. 유튜버의 영업 관리표라고도 볼 수 있다. 채널을 운영하다 보면 수도 없이 많은 제안이 오기도 하고, 브랜디드 비즈니스를 위해 제안을 하기도 한다. 가뜩이나 할 일이 많은 유튜버인데 하나하나 모두 기억하기에는 역시나 무리가 있다. 리스트업 표는 주로 엑셀 프로그램을 사용하고, 쉬운 양식으로 구성해서 관리하면 된다. 내가 제공하는 양식으로 보며 항목별로 소개하겠다.

인아웃	카테고리	업체명	브랜드명	대표상품	제품 URL	휴대폰	담당자명
아웃바운드	IT / 테크	(주)스터디전자	스터디파이	무선 이어폰	https://brand.naver.com/gnm/products/657383604	010-0000-0000	김스터

1) 인아웃은 제안 당사자가 누구인지를 구분한다. 당사자가 유튜버 본인일 경우 '아웃바운드'라 적고, 광고주로부터 제안이 들어왔다면 '인바운드'라고 적는다.

2) 카테고리는 유튜브 채널 카테고리가 아닌 상품/서비스의 분류 카테고리를 적는다.

3) 업체명은 되도록 명함 또는 홈페이지에 기재되어 있는 정확한 사업자명을 적는다.

4) 브랜드명은 해당 광고주의 대표 브랜드명을 적는다. 인바운드의 경우 제안 들어온 브랜드명을 적으면 된다.

5) 대표상품은 해당 광고주의 브랜드 중 대표되는 상품이나 주력 상품명을 적는다.

6) 제품 URL은 해당 상품을 바로 확인해볼 수 있는 홈페이지나 쇼핑몰의 URL을 입력한다.

7) 휴대폰, 담당자명, 부서, 직함, 이메일, 사무실 전화, 사무실 주소는 수집한 정보를 정확하게 입력한다. 특히 사무실 전화는 반드시 적는다. 영업담당자에게 휴대폰으로 전화했을 경우 모르는 번호를 안 받는 경우가 종종 있기 때문이다.

8) 현황은 가장 중요하게 입력해야 한다. 현황은 계속 변경되기 때문에 글씨 굵게나 텍스트 색상은 변경해가며 수정 입력한다. 현황 셀은 개조식이건 서술식이건 상관없이 본인이 확인하기 편한 방식으로 적으면 된다.

부서	직함	이메일 주소	사무실 전화	사무실 주소	현황
영업부	과장	study0000@naver.com	02-000-0000	서울시 강남구 논현동 100-1	[12월1주차 목요일] 담당자 통화후 이메일로 소개서, 견적서 발송 완료 *[12월2주차 수요일] 검토결과 피드백 대기중

본 관리표는 누구에게 보여주는 것이 아니기에, 보기 편한 방식이라면 주저리주저리 서술형으로 작성해도 무관하다. 내용은 보통 이력, 현 상황, 할 일로 구성해서 입력한다.

색상으로 강조를 표현할 때는 예를 들어 이력은 검정, 현 상황은 빨간색, 할 일은 파란색 식으로 구분해서 적어도 된다. '[12월 1주차 목요일] 담당자 통화 후 이메일로 소개서, 견적서 발송 완료'는 이력으로써 검정으로 표시하고, '[12월 2주차 수요일] 검토 결과 피드백 대기 중'은 빨간색으로 표시하는 식으로 관리하면 된다. 최대한 자세하게 입력하는 것이 중요하다.

현황
. [12월1주차 목요일] 담당자 통화후 이메일로 소개서, 견적서 발송 완료 . **[12월2주차 수요일] 검토결과 피드백 대기중** . [12월3주차경] 결과 회신없는 경우, 담당자 전화로 체크

우리가 제안자 입장으로 광고주는 수많은 유튜버 중 하나, '원오브뎀'으로 인지하기 때문에, 이들이 우리를 기억하고 어디까지 얘기됐는지 기억해주기를 바라서는 안 된다. 우리가 꼼꼼하게 입력해서 그들에게 다시 상기시키고 리마인드 해줘야 하는 자세가 필요하다.

내 통장에 단비를 내려줄 광고주 찾고 제안하기 비법

브랜디드 광고주 리스트업

광고주 리스트업

1단계 광고주 리스트업 내용에 이어서 설명하겠다. 우리는 어떻게 브랜디드 광고주를 찾을 수 있을까? 광고주를 스마트하게 찾는 방법을 알려주겠다.

일단 가장 쉬운 방법은 온라인을 통한 광고주 찾기가 있다. 네이버와 같은 포털사이트에. 무작정 '식품 회사'를 찾으면 될까? 당연히 우리가 원하는 정보를 찾기는 어려울 것이다. 광고주 찾기는 '취업사이트'를 통해서 찾는 것이 좋다.

난데없이 무슨 취업사이트가 나오는지 궁금해할 거다. 취업사이트는 산업별, 업종별 카테고리 정리가 매우 잘 되어 있다. 예를 들어 먹방 유튜버가 광고주를 찾는다면 서비스업 – 외식업/식음료 카테고리로 들어가서 수많은 기업 정보를 검색할 수 있다.

외식업 분야에 검색되는 2,000개 이상의 기업이 모두 우리의 예비 광고주라고 볼 수 있다. 검색된 기업 중 조건을 세분화해서 검색할 수 있고, 하나씩 들어가서 세부정보를 파악할 수 있다.

기업 규모, 매출액 등 광고주의 외형을 살펴볼 수 있고, 노출된 홈페이지 링크로 들어가서 유튜브, SNS 운영 현황 등도 파악할 수 있다. 여기서 더 디테일하게 들어간다면 어떤 분야의 인력을 채용하고 있는지에 따라 홍보, 마케팅, 1인 미디어에 대한 관심도도 파악해볼 수 있다. 즉 브랜디드 식의 협업을 할 만한 광고주인지 어느 정도 가늠해볼 수 있다는 것이다. 우리 이렇게 세부적으로 해야 하는 이유는 좀 번거롭긴 하지만 디테일로 승부해야 하기 때문이다. 해당 업계에서 무작위로 수집된 1,000개 이메일에 전체메일로 제안하는 것 보다는, 사전 조사된 10개 업체에 하나씩 특정해서 보내는 것이 더 성사될 확률이 높다. 사실상 1,000개 메일을 보내는 것은 1만 개든 10만 개든 큰 의미가 없으며, 대부분 광고 메일로 인식해서, 읽지도 않고 스팸메일로 버려지는 것이 일반적이기 때문이다. 이 중 괜찮은 몇몇 기업의 정보를 광고주 리스트업 표에 입력하면 된다.

온라인을 통한 찾기는 취업사이트만 봐도 충분하다. 일단 전체기업의 99%가 소상공인을 포함한 중소기업이다. 대기업과 중견기업 대비 연봉, 복지, 비전, 처우 등이 다소 미흡하므로 입 퇴사율이 높다. 이런 특성으로 긴급 결원 발생 시 즉시 충원을 대비해서 취업사이트에 상시모집 식으로 등록해두는 것이 일반적이다. 즉 어지간한 중소기업들은 다 검색이 되므로 광고주 찾기에는 전혀 부족함이 없다.

두 번째 광고주 찾기는 오프라인이다. 사실 오프라인은 어디서 어떻게 찾을지 감조차 안 올 것이다. 가장 좋은 방법을 알려주겠다.

오프라인 광고주 찾기 최적의 장소는 바로 전시회, 박람회다. 유튜버가 속한 또는 연관되어있는 카테고리의 업계에서 진행하는 전시회를 찾는다. 이미 산업별, 분야별 수많은 전시회가 공공기관, 지자체, 코엑스, 킨텍스 등에서 매주 열리고 있다.

이러한 행사들을 찾아 부스를 돌아다니며 명함을 주고받으며 눈도장을 찍으면 된다. 돌아와서 명함들을 정리하고 표에 리스트업 하면 된다.

만약 명함이 수십 개인 경우 일일이 타이핑하기는 쉽지 않다. 이럴때는 리멤버와 같은 명함 관리 앱을 활용하기 바란다. 받아온 명함을 하나씩 스마트폰으로 찍기만 하면 저들이 알아서 명함 정보를 입력해준다. 물론 무료이고 나도 현재 무료로 사용하고 있는 유용한 앱이기도 하다.

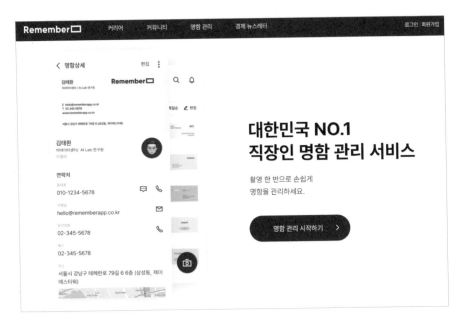

컨택제안영업 ⅰ

2단계는 컨택/제안/영업이다. 평소 관리한 광고주 리스트업 표를 토대로 제안하는 것이다. 앞서 말한 '오프라인에서 광고주 찾기' 방법인 전시회에 가서 100% 성공하는 비법을 알려주겠다.

일단 전시회에 참여하는 기업들을 사전에 쭉 살펴본다. 현장에서 부스를 기웃거리며 현장 스케치 형식의 브이로그 영상을 셀프로 촬영한다. 누가 봐도 유튜버인 티가 팍팍 나게끔 좋은 장비로 촬영하는 것도 좋다. '신기한 제품을 발견했어요!'라며 부스의 대표나 담당자의 관심을 은근히 유도한다. 하지만 안타깝게도 그들은 대부분 우리에게 관심이 없고 무신경하다. 전시회는 행사 규모에 따라 100개에서 많게는 400개까지의 업체가 참여한다. 돌아다니다 보면 몇 군데 업체가 말을 걸 것이다.

'유튜버시죠? 채널명이 뭐예요?'라고 업체가 툭 던지면, 간략하게 채널 소개를 한 뒤 제품을 물어보는 식으로 자연스럽게 대화의 물꼬를 튼다. 이어 스마트폰이나 태블릿으로 우리의 채널을 보여준 뒤 '괜찮으시다면 이메일로 소개서를 보내드리겠습니다'라며 명함을 주고받으면 된다. 즉 전시회는 광고주 리스트업과 제안까지 할 수 있는 최적의 영업처라고 생각된다. '100% 성공 비법인데 실패할 수도 있잖아요?', 아무도 말을 안 걸었다고 해서 실패한 것이 아니다. 업계 동향도 파악했고, 소중한 전시회 브이로그 영상도 건지지 않았나? 우리는 2가지 성공을 거둔 것이다. 내가 알려준 비법으로 마음 비우고 편하게 다녀오기 바란다.

　참고로 전시회는 보통 주말 껴서 3~4일간 진행된다. 우리는 언제 가는 것이 좋을까? 예를 들어 3일간 행사로 금, 토, 일 진행할 경우 첫날인 금요일에 가는 것이 좋다. 첫날은 보통 부스 더 꾸미고 보완하며 아는 거래처를 초대하곤 한다. 그리고 바이어가 첫날에 가장 많이 온다.

　우리는 이때 가야 조금은 여유 있는 상황에서 인사 나누고 제안하기가 수월할 것이다. 토, 일 주말에 가는 것은 피해야 한다. 보통 전시회에는 참가 업체들의 이윤을 위한 장터로 변한다. 전시회장에서의 주말 판매를 위해 재고를 넉넉히 가져오는 업체가 많으며, 전시품을 저렴하게 판매하는 것이 일반적이다. 이러한 특성을 잘 아는 소비자들은 주말에 쇼핑도 할 겸 전시회를 많이 찾곤 한다. 우리가 주말에 간다면 시장 분위기의 아수라장 속에 명함 하나 못 건네고 돌아올 확률이 높으니 이 점 참고하기 바란다.

컨택/제안/영업 단계에서 우리가 반드시 알아야 할 한 줄 포인트는 '영업은 정답이 없다.'다. 우리가 이메일을 수백 개 보내건, 회사에 무작정 찾아가 담당자와 미팅을 하건, 전화로 30분간 일장 연설 제안을 하건, 뭐가 '맞다 틀리다'에 대한 정답이 없다. 수많은 기업과 정책, 예산, 타이밍, 제각각 다른 성향의 담당자들 등등 너무 다양한 성공실패 사례가 있다. 이러한 인사이트를 아무리 조합해봐도 어떤 방법이 제일 낫다고 말하는 것 자체가 심각한 일반화의 오류라고 생각된다.

결국, 해당 카테고리가 속한 업계 사람들에게 끊임없이 제안하고 거절되고 성사되는 등 수많은 시행착오를 통해 경험치를 쌓고, 본인만의 제안 방식으로 성사율을 높이는 해답을 찾아 나아가야 한다. 그래도 성사율을 높이는 데 도움이 될 수 있는 몇 가지 방법을 알려주겠다.

첫째. 이메일 제안 시 성의 없는, 특히 전체메일 식의 제안은 성사 확률이 희박하다. 그렇지 않아도 광고주들은 수많은 광고사로부터 제안을 받는다. 우리의 메일 또한 가차 없이 스팸으로 분류될 것이다.

둘째. 이메일 제안 시 제목에는 반드시 회사명 또는 브랜드명, 또는 담당자명을 특정해서 보내면 읽을 확률이 높아진다. 이메일 본문은 최대한 간단명료하게 작성하자. 담당자들은 매우 바쁘고 한가하더라도 본문에 엄청난 양의 내용이 담겨있다면 대부분 읽기 싫어한다. 그리고 본인 채널의 소개서를 첨부해서 보내면 된다.

셋째. 성사를 위해 물불 안 가리는 소위 '무대포' 정신이 필요할 때도 있다. 실제로 나도 유명 브랜드의 브랜디드 제안을 위해 무작정 고객센터에 전화를 걸어 영업부서 연락처를 받고 온라인 팀에 연결되었으나 이건 마케팅에서 한다고 해서 또다시 연결을 반복한 뒤 마케팅팀 담당과 통화하게 되었다. 타이밍이 딱 들어맞아서 제 채널 소개부터 제작기한, 단가 등의 콘텐츠 제작 협의를 거쳐 가며 계약이 성사되었던 사례가 있다. 의외로 어려울 것 같았던 유명 브랜드가 쉽게 컨택, 성사되는 사례 분명 있다는 점 참고하기 바란다.

광고주를 컨택하는 과정부터 생각보다 전략적으로 진행하는 것을 알 수 있다. 그런데도 어떤 경우에는 거절되는 상황이 많이 생길 수도 있다. 하지만 이럴 때 좌절하지 말고 본인만의 성사율을 높일 방법을 찾아가며 계속 시도해보기 바란다.

수정은 횟수를 정해서
진행해야 합니다.
한번에 17개나!
영상 수정 요청
메일 왔는데
이번이 마지막이래!
일타 십칠피!
일발 십칠킬~
광고주
멱살이라도 잡을까? ㅎ?
광고주는 수정을 좋아합니다.

컨택제안영업 ii

제안이 들어왔거나 제안을 해야 하는 경우, 채널 소개서는 유튜버의 전문성과 신뢰도 향상에 큰 도움을 준다. 소개서 예시 파일을 보면서 작성 방법을 설명하겠다.

▌MD Studio 소개 i

Life Style Seller `MD Studio`

Branded Contents + Media Commerce Creator

브랜디드 콘텐츠 300편 제작의 풍부한 경험과
e-Commerce 상품기획자 (Merchandiser) 시선으로
모든 카테고리 제품 소개 · 리뷰 영상을 제작합니다.

소개서는 보통 PPT 프로그램으로 만들고 채널이 성장하는 추이에 따라 조금씩 업데이트하면 된다. 광고주에게 전달하는 소개서는 PDF로 저장해서 보내는 것이 일반적이다. 소개서의 목차는 크게 채널 소개 - 강점/차별성 - 포트폴리오 - 컨택 정보로 구성하면 된다. 수십 페이지에 내용이 빼곡하게 작성된 일반적인 회사소개서처럼 작성하지 않아도 된다. 채널 소개는 1~2페이지로 간단명료하게 작성하는 것이 좋다.

너무 많은 텍스트는 산만할 수 있고 가독성 또한 좋지 않다. 기본적으로 본인 채널을 한 줄로 표현할 수 있는 아이덴티티 문구와 채널 구독자 수를 기재하고, 채널 BI 이미지와 채널의 콘셉트, 캐치프라이즈 등을 넣어도 좋다. 그리고 본인 채널의 강점 또

는 차별성 몇 가지를 작성한다. 도표화, 이미지화해도 되고 아이콘과 함께 텍스트를 입력해도 된다.

다음은 가장 중요한 영상 콘텐츠 레퍼런스다. 보통 대표적인 브랜디드 콘텐츠 영상들을 노출한다. 이렇게 영상형식별로 묶어서 보여주고 영상 이미지 아래에는 해당 영상의 상품명, 콘셉트, 간단한 설명 등을 넣고, 그 아래에는 좀 더 큰 텍스트로 조회 수를 넣으면 된다. 조회 수는 선택적이며 큰 조회 수가 딱히 없다면 제외해도 된다. 조회 수, 댓글 수, 좋아요 수, 매출액 등 해당 영상을 통해 나타난 퍼포먼스 숫자를 직관적으로 보여주는 것이 중요하다.

만약 브랜디드 레퍼런스가 많지 않다면 일반 영상 콘텐츠 중 조회 수나 댓글 등 반응이 좋았거나 나름의 의미가 있는 콘텐츠를 보여줘도 된다. 레퍼런스는 많으면 많을수록 좋고 소개서 여러 장에 걸쳐서 보여줘도 무방하다.

마지막은 본인 채널의 컨택 정보다. 회사의 형태일 경우 사업장 주소를, 개인일 경우 채널명만 작성하면 된다. 그 밑에 연락처, 이메일, 유튜브 채널, 홈페이지, SNS URL 등을 노출하면 된다. 매우 간단하게 작성할 수 있으므로 오늘 바로 소개서를 작성해 보기 바란다.

채널 소개서는 누구에게나 공유될 수 있는 범용 소개서이다. 반대로 광고주를 특정해서 제안할 때 필요한 문서는 '선제적 협업 제안서'이다. 우리가 반드시 성사시키고 싶은 브랜드나 상품에 대한 브랜디드를 제안할 때 선제적 제안서는 큰 도움이 될 수 있다. 소개서와 유사하지만, 조금의 노력과 성의가 더 필요하다. 아래 이미지는 내가, 정확하게는 내 회사가 대기업에 제안했던 제안서이다. 일반적인 제안서의 구성은 광고주의 상품/서비스에 대한 현황 분석 - 문제점 도출 - 개선방안 제시 - 채널 소개와 의지 정도로 구성될 수 있으며, 포인트는 3가지다.

첫째. 현황 분석을 면밀하게 해야 한다. 광고주가 보더라도 '공부 많이 했네' 느낌을 강하게 줘야 한다. 어설픈 현황 분석은 독이 될 수 있다.

둘째. 문제점을 도출하되 표현을 '문제점'이라고 해서는 안 된다. '잘하고 있는데 다소 아쉬운 점' 느낌으로 표현해야 한다. '문제점'은 광고주에 대한 질타로 받아들여질 수 있기 때문이다.

셋째. 개선방안은 현실감 있게 명확하게 제시되어야 한다. 광고주의 내부 사정을 잘 모르더라도 근접한 정보를 토대로 개선방안이 구체적으로 제시되어야 한다.

이러한 3가지 작성 포인트를 고려해서 선제적 협업 제안서를 작성한다면 좋은 결과가 분명 있을 거라 생각된다.

계약전미팅 i

브랜디드 제작 프로세스 3~4단계는 거래 의사 타진과 계약 전 미팅이다. 역제안과 선제적 제안을 통해 서면상이나 유선상 거래 의사를 타진하면, 1차 미팅이 진행된다. 1차 미팅은 서로 인사를 나누는 의미가 더 크다.

유튜버는 어떤 회사인지 더 알아볼 수 있게 되고, 광고주는 유튜버의 실물을 확인하고 인사하는 차원의 미팅이라고 보면 된다. 요즘은 온라인 화상회의도 보편화 되어 있기 때문에 대면, 비대면을 병행해가며 미팅을 진행한다.

보통 유튜버가 광고주의 회사로 방문하는 것이 일반적이다. 이때 기본적인 비즈니스 매너를 위한 복장 등에 조금은 신경을 쓰는 편이 좋다. 그렇다고 최대한 격식을 갖춘 정장, 넥타이 조합으로 너무 포멀하게 갈 필요는 없으며, 과한 화장과 현란한 복장 등은 피하는 것이 좋다. 즉, 유튜버 본인의 개성을 유지한 상태에서 적당히 포멀하게, 광고주가 크게 신경 쓰이지 않게 가면 된다. 첫 미팅에서 보이는 차림과 인상은 신뢰도에 적지 않은 영향을 미치기 때문이다.

　참고로 지금부터 말할 내용 대부분은 광고주와의 커뮤니케이션 스킬이다. 내가 앞서 영업에는 정답이 없다고 했다. 앞으로의 과정도 영업의 연속이다. 반드시 광고를 수주할 때 만이 '영업'이 아닌 것이다. 광고주와 중요하거나 소소한 대화 속에 이뤄지는 커뮤니케이션 자체가 영업이라고 이해하면 된다. 여러 성공과 실패 사례를 다루면서 독자에게 혼란을 주고 싶지는 않다. 앞으로의 내용은 상대적 약자인 유튜버 입장으로, 다소 방어적인 스탠스로 대응하는 방법 위주로 설명하는 점 참고 바란다.

　미팅 일정이 잡힌 이후 실무자에게 연락이 왔다. '사전 기획안을 간단히 준비해서 와주세요'라는 요청이다. 어떻게 할 것인가? 나라면 절대 준비해 가지 않을 것이다. 아직 계약된 것이 아니기 때문이다. 계약 전 상태에서 '간이'라도 기획안을 요구하는 것은 정말 모르거나 다소 무례한 요구다. 실제로 기획안의 아이디어만 탈취하고 계약하지 않는 광고주도 일부 있다. 사실 우리의 생각보다 많다. 물론 애초부터 이런 의도를 가진 아주 질 나쁜 광고주도 있지만, 극히 소수이며, 대부분 미팅을 통해 여러 요소를 확인한 뒤 계약하지 않는 경우가 꽤 많다. 이 점을 명심해야 한다. 유튜버 제작 리소스의 시작은 '기획'부터다.

이에 현명하게 대응하는 방법을 알려주겠다. 미팅 시 노트북 또는 태블릿을 지참해서 방문 또는 온라인 화상회의실에 입장한다. 보통 첫 미팅은 광고주의 애정과 부심이 가득한 본인 상품/서비스에 대한 자랑을 약 30분간 하곤 한다. 이후 우리의 차례가 되면 기획안이 아닌 소개서를 보여주며, '이런 레퍼런스 영상이 있는데, 요러한 콘셉트로 제작하면 좋을듯합니다' 식으로 설명하면 된다. 다소 방어적인 자세이긴 하지만, 별도 기획안을 준비하지 않은 것에 대한 문제 제기는 하지 않고 넘어갈 것이다. 어차피 계약 이후 심층적으로 상품에 대해 스터디하고 마케팅요소, 셀링 포인트 등 전문적이고 체계적으로 기획한다는 것을 추가로 언급하면 된다. 그래서 앞서 작성한 '브랜디드 제작 프로세스표'를 보여주는 것이 좋다.

이어 자연스럽게 다음 아젠다로 넘어가면 된다. 제작 프로세스 표를 토대로 제작기한, 일정 등을 조율하고 계약조건 등도 세부적으로 협의하면 된다. 여기서 우리는 또한 번 혼란스러울 수 있다. 크리에이브한 콘텐츠 제작 얘기에 이어서 바로 '돈' 얘기를 해야 하기 때문이다. 그렇다고 우리는 매니저가 있는 것도 아니다. 자, 파트 1에서 강조했듯 '돈' 얘기는 노골적이거나 부끄러운 주제가 아니다. 비즈니스 협상 테이블에서 당연히 오가야 하는 주제다. 상대가 나를 속물처럼 생각하지 않을까? 라는 생각은 우리 자신이 만들어낸 허상이다. 미팅 전반부에서는 화기애애하게 영상 콘텐츠 기획에 관한 얘기를 나눴다면, 후반부에는 얼굴 싹 바꾸고 냉정하게 정확하고 세부적인 거래 조건을 매듭 지어야 한다. 비즈니스 자리에서 유튜버의 이중적 태도는 너무나 당연하다. 조건에 의문점이 있다면 즉시 과감하게 얘기해야 한다.

내가 너무 전투적으로 말하는 경향이 있긴 하지만, 최대한 유튜버 입장으로, 방어적으로 말하고 있다는 점 다시 한 번 인지하기 바란다. 계약조건 협의 시 제시할 자료는 바로 유튜버 비즈니스 4대 문서 중 하나인 견적서이다. 견적서에 대해서는 다음 장에 이어서 알아보겠다.

광고주와의 첫 미팅시
위압감이 들기도 합니다.

자 협상을 시작하지.

쫄지 마세요
그들도 월급받는 '직장인'입니다.

CHAPTER 06

너무 중요하지만 쉽게 넘기는 행위 바로잡기

광고주와의 계약 체결

이번 장에서는 유튜버 비즈니스 4대 문서 중 앞에서 작성한 소개서, 기획서 외의 계약에 필요한 2개 문서인 견적서와 계약서를 소개하고 작성 방법과 작성 팁을 위주로 설명하겠다.

견적서 작성 방법

견적서는 소개서와 마찬가지로 대외적으로 공유되는 표준 견적서로 준비한다. 견적서를 구성하는 항목을 하나씩 살펴보겠다.

상단의 수신처는 수신받는 광고주의 회사명을, 공급처는 우리 채널명을, 견적 일은 작성일 기준으로 적는다. 아래 네모 칸에 견적 총금액을 입력, 제작비 결제방식도 우리가 기본적으로 수립한 결제방식을 입력한다. 대금지불조건은 우리가 개인으로 거래할 경우 8.8%를 공제하는 기타소득 또는 3.3% 공제 사업소득 중 선택해서 입력, 사업자로 거래하는 경우 VAT 포함 여부를 작성한다. 우측에는 우리 채널 정보를 보여주는 것으로, 채널 BI나 회사 CI 이미지가 삽입되면 좋다. 그리고 주소, 연락처, 이메일 등을 입력하고 채널 운영자 또는 대표자 성함과 함께 도장 이미지를 삽입하면 된다.

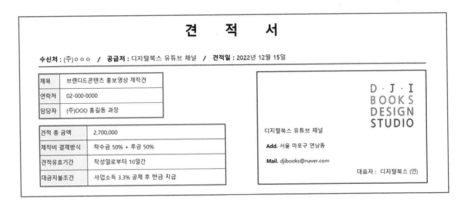

아래 세부 견적 부분 입력 방법이다. 제품명은 예시로 입력, 제작 편수 1편 기준으로 항목들을 작성하면 된다. 현금과 최대 현물 허용 기준액을 작성하고, 하단에 VAT 포함 또는 별도를 입력한다. 1편 기준 아래 셀에는 2편 제작 기준으로 작성한다. 복수의 영상 제작에 따른 디스카운트율과 적용된 제작비를 입력하는 식으로 작성한다.

No.	제품명	제작 편수	총 제작비	다편제작 D/C %	D/C 적용 제작비	결제 구분				비고
						현금	현물			
							소비자가	수량	인정 합계액	
1	OOO 무선 이어폰	2	3,000,000	10%	2,700,000	2,000,000	50,000	20	700,000	
2										
								* 현물바터는 정상소비자가의 70% 인정		
									1,934,000	3.3% 공제

복수의 영상 제작에 따른 디스카운트율은 정해진 것이 없고, 우리 스스로가 정하면 된다. 앞서 제작 단가 설정법에서 정한 '내가 받아야 하는 최소금액'보다 적어지지 않는 선으로 디스카운트율을 정하면 된다. 한 가지 팁을 주자면 각기 다른 3곳과 협업하여 100만 원씩 300만 원을 받는 것보다, 1곳과 90만 원씩 3편 제작으로 270만 원을 받는 것이 더 나을 수 있다.

물론 돈은 덜 받지만 1곳과 커뮤니케이션 하며 여러 편을 제작하는 것이 훨씬 효율적이고 유튜버의 정신건강에도 도움이 되기 때문이다. 각기 다른 3곳과 협업하는 경우 담당자도 다르고, 광고주의 톤앤매너도 다를 뿐 아니라, 16단계 과정을 반복해야 하는 부담이 있다. 이 점을 고려해서 다 편 제작에 대한 메리트를 확실히 주는 것도 좋은 방법이다.

계약전 미팅과 계약서 작성

다시 프로세스 단계로 돌아와서 4단계 계약 전 미팅에 이어 5단계 견적서와 계약서 수발신이다. 계약 전 미팅 시 우리가 반드시 해야 하는 일이 있다. 미팅 내용을 녹음하거나 회의록을 디테일하게 작성하는 것이다.

녹음은 어떤 증빙 차원이 아닌 오직 메모하기 위한 수단이다. 미팅 때 수많은 대화가 오가면서 이후 서로의 합의 내용에 대한 이견 방지 차원으로 이해하면 된다. 미팅 시 합의됐던 내용을 그대로 기록하고 문서화 하는 중요한 작업이 바로 견적서와 계약서 작성이다.

미팅 이후 광고주는 유튜버에게 견적서와 계약서를 요청할 수 있다. 그간 유튜버와의 비즈니스 경험이 있는 광고주라면, 유튜버에게 견적서를 요청할 것이고 광고주 측에서 계약서를 보내올 것이다. 경험이 없다면 역으로 유튜버에게 요청하거나, 계약서 없이 진행하자고 할 수도 있다. 물론 계약서는 종이 한 장에 불과하다.

광고주 입장으로 제작비가 저렴한, 간소한 프로젝트라 여기는 경우 계약서 없이 그냥 진행하자고 할 수 있다. 뭔가 번거롭게 귀찮은 투일 수도 있다. 우리는 어떻게 대응해야 할까? 분위기에 따라 대응하는 것을 추천한다.

상대적 약자인 유튜버 입장으로 계약서를 당연히 주고받아야 한다고 생각하지만, 몇 가지 조건만 충족된다면 계약서를 받지 않아도 된다.

법적으로 인정하는 '계약의 성사'를 위한 조건 2가지는 서면상 동의와 지급 명세다. 유튜버는 미팅했던 내용을 토대로 영상제작 방향, 제작대상 제품, 제작비, 대금 지급 기한, 지급방식, 영상제작기한, 수정횟수, 특약 사항 등을 정리해서 메일 본문에 작성한 뒤 담당자에게 발송하면 된다.

이때 미팅에 참여한 관계자들의 이메일을 참조로 거는 편이 좋다. 이어 내용 잘 확인했다는 회신이 오면 서면상 동의 요건이 충족된다. 이와 함께 착수금 조로 유튜버 지정 계좌에 입금되면, 지급 명세 요건도 충족하여 계약의 성사로 간주한다.

광고주가 대놓고 번거로운 기색을 드러내면 앞서 말한 조건을 충족하면 되므로, 너무 올곧은 스탠스를 취하지 않아도 된다. 유연하게 대응하는 것이 중요하다.

계약서를 작성하는 경우, 규모가 있는 회사는 보통 법무팀의 검토 과정을 거치며 시간이 소요되는 편이다. 이때 협의한 제작기한이 촉박해질 수 있으므로, 생각해서 넉넉한 기한으로 조율하면 된다.

계약은 '대면' 계약을 고수하는 광고주도 있지만, 계약 문화도 많이 간소화되어서, 대부분 이메일을 통해 날인, 스캔분을 주고받는 편이다. 또한, ○○ 싸인과 같은 계약 앱을 사용하여 계약체결하는 곳도 많아지는 추세다. 그러면 계약서에 들어가는 항목과 내용을 살펴보겠다.

브랜디드 영상콘텐츠 제작 계약서

㈜○○○ (이하 "갑")과 유튜버 디지털복스 (이하 "을")는 브랜디드 콘텐츠 홍보영상 제작에 대하여 상호 신뢰를 바탕으로 하며 다음과 같이 계약을 체결한다.

--- 아 래 ---

제 1 조 (제품 제작 내역 및 금액)
"을"은 "갑"이 제시한 사양에 의거 제작하여 "갑"에게 공급한다.
1. 공급제품 : _____ 홍보영상 제작
2. 공급가격 : _____ 원

제 2 조 (제품-영상 사양)
1. 영상.사양 : FULL HD 1920*1080
2. 영상 길이 : 2~10분 내외 (기획에 따라 협의)
3. "갑"은 영상제작 이전에 상품 관련 모든 정보(특허 및 특징, 품질검사 내용 등)를 촬영 전 2주일 이내 "을"에게 제공하여야 한다.

제 3 조 (대금 지불 방법)
"갑"이 "을"에게 지불하는 결재대금은 아래와 같이 결재 한다.
1. 제작비용 - _____ (사업소득 3.3% 공제 전)
2. 결제기한 - **계약/결제 이행 후로부터 제작 착수**
3. 결제방법 - **"을"의 지정 계좌** ____은행 _____ (예금주 :)
4. 제작기한 - **상호 합의 기한 (1편당 최소 1~3주 소요)**
5. 특이사항 - **제작 후 유튜브 채널 업로드**
   • 영상 파일 제공 시 2차 라이선스 비용, 기간, 범위는 상호 협의

1조의 공급제품에는 광고주가 정한 브랜디드 상품을 입력, 공급가격은 브랜디드 제작금액을 입력한다.

2조는 FHD 식의 영상 사양과 영상 길이를 입력한다.

3조는 유튜버에게 중요한 대금 지불 방법이다. 견적서에 표기 못 한 세부내용을 계약서 3조에 모두 작성한다고 보면 된다. 제작비용, 결제기한, 결제방법, 제작기한, 특이사항을 차례로 입력한다. 2번 결제기한과 5번 특이사항의 2차 라이선스 항목은 이후 장에서 추가로 알려주겠다.

4조는 영상의 수정과 납기에 관한 조항이다. '수정은 재촬영을 제외한 단순 작업 2회로 한정한다'라는 식으로 표기하면 된다. 본 조항이 없는 경우 우리는 광고주의 수정 공세에 시달릴 수 있는 점 참고하기 바란다.

5조는 영상 저작권에 관한 조항이다. 유튜버와 광고주 공동 소유 또는 한쪽에 권리를 부여해도 된다.

제 4 조 (제품 수정, 납기 검사 및 지체 보상금)

1. "을"은 상기 제품(영상)을 계약 제1조에 의거 납기일까지 제작 완료하고, 납기 일정에 차질이 없는 수준 안에서 가편을 "갑"에게 확인시켜야 하며, "갑"은 가편 시사 후 합격 여부 또는 수정 코멘트를 "을"에게 통보해야 한다.
2. 검사결과에 따라 영상에 수정이 필요할 경우 "을"은 영상을 수정하여야 하고 기타 사항은 별도의 협의 하에 처리한다. (수정은 재촬영을 제외한 단순 작업을 2회로 한정한다)
3. "을"은 영상의 제작기간 동안 "갑"이 요구하는 수정사항이 있을 경우 이를 수정 반영하여 제작하여야 한다.
4. 특수한 경우 별도의 협의 하에 납기일을 연장 할 수 있다. 단, 납기일 조정은 납기마감 7일 이전까지 협의하는 것을 원칙으로 한다.
5. 별도의 합의 없이 "을"이 일방적으로 납기일을 3일 이상 어길 경우, "을"은 "갑"'에게 편당 제작비의 100% 금액을 손해배상 할 의무가 있으며 즉시 주문을 취소할 수 있다.

제 5 조 (영상구성 및 저작권)

1. 영상의 저작권은 "갑"과 "을" 공동 소유하며 타인에게 영상을 양도할 수 없다.
2. "을"은 "갑"에 대한 영상제작구성에 대한 내용을 계약 이전에 충분히 협의한다.
3. "을"은 영상 제작함에 있어 제3자로부터 특허, 저작권, 소유권 등의 침해 소송을 받을 수 있는 내용을 영상 제작에 사용 시 "갑"의 서면 동의를 득하고 제작하여야 하며 "갑"의 동의 없이 저작권 등의 침해를 받을 경우 "갑"의 책임은 없다. 단, "갑"이 제공한 자료에 의해 발생된 문제는 "갑"의 책임이다.

제 6 조 (손해배상)

1. "갑"의 사유로 계약만료 이전에 계약을 해지 할 사유가 발생 시 편당 착수금은 "을"의 소유로 한다. 반대로 "을"의 사유로 계약을 해지 할 사유가 발생 시 발생 사유 즉시 착수금을 반환한다.
2. "갑"의 사유로 계약만료 이후 계약의 해지 사유가 발생 시 "갑"은 "을"에게 잔금을 지불할 책임이 있다. 잔금의 지불이 지체 될 경우 지체 상환 일에 따른 법정 최고 이율을 "갑"에게 청구한다. 단 완료된 영상을 "갑"에게 제공한 경우에 한하여 적용한다.
3. "을"의 사유로 계약만료 이후 계약의 해지 사유가 발생 시 "을"은 "갑"에게 착수금의 120%를 손해배상으로 지급해야 하며 "갑"은 "을"에게 계약 만료일로부터 지체 상환에 대한 법정 최고 이율을 추가 이자로 청구한다.
4. "갑"과 "을" 쌍방은 영상 저작권을 침해되어서는 결코 안 된다. 상호 서면 협의 없이 일방적인 영상저작권 침해 시 손해를 본 당사자는 상대방에게 손해배상을 청구할 수 있다.
5. "갑"의 일방적인 계약 파기 사유 시 "을"이 진행한 진행비 및 착수금의 3배를 "갑"이 "을"에게 배상한다.

6조부터 10조까지는 손해배상, 계약의 해지 등 한쪽의 귀책으로 인해 발생하는 손해와 배상 등의 내용으로써, 상투적인 조항으로 여기면 된다.

마지막에는 양측 각각의 정보를 입력하고 도장을 찍는 것으로 계약서 작성을 마무리하면 된다.

프로세스 6단계는 계약체결, 7단계는 계산서/결제다. 작성된 계약서는 약간의 수정이 발생할 수 있으며, 수차례 오가기도 한다. 계약체결이 완료되면 제작비 지급을 위한 자료를 서면으로 제출한다. 유튜버가 사업자일 경우 광고주로부터 사업자등록증을 받은 뒤 홈택스에서 세금계산서를 발행하고 사업자 계좌 사본을 전달한다. 유튜버가 개인일 경우 사업소득 처리 용도의 신분증과 본인 명의의 계좌 사본을 이메일로 전달하는 것으로 계약은 마무리된다.

여기서 계약이 완전히 체결되었다고 보기는 어렵다. 7단계는 계산서와 결제이다. 계약의 완성은 결제다. 사전에 협의한, 견적서와 계약서에 기재된 조건으로 착수금 조의 선금이 지급되어야만 계약이 완성된다.

계약 단계는 큰 금액이 오가고 본격적으로 기업과 커뮤니케이션이 시작되는 만큼 실제 비즈니스가 시작되는 지점이라고 볼 수 있다. 준비된 문서들과 톤앤매너를 가지고 무사히, 성공적인 계약을 진행하기 바란다.

'돈 떼먹힐 일' 없는 안전장치 만드는 방법

07 브랜디드 제작 선금의 중요성

앞서 소개한 공공기관, 광고사와 브랜디드 협업을 경험한 이들은 대부분 제작 완료 이후 제작대금을 받았을 거다. 이들과의 후금 거래는 다소 안전한 편이다. 공공기관의 대금 지급은 의심의 여지가 없고, 광고사는 간혹 대금 지급 지연이 발생하기도 하지만 빈번하지는 않다. 반면, 광고주와의 1:1 다이렉트 거래는 불안한 것이 사실이다. 돈을 못 받는다,

대금 지급이 지연된다. 등의 상황보다 더 불안한 것은 브랜디드가 진행되는 과정에서 생길 수 있는 계약 해지 요소들이다. 실제로 일부 유튜버들이 피해를 호소하는 경우가 적지 않게 있다. 유튜버들의 비즈니스에 대한 낮은 이해도와 무지로부터 발생하는 사례가 대부분이다.

유튜버는 브랜디드 비즈니스를 진행할 경우 반드시 착수금 차원의 선금을 받아야 한다. 우리가 선금을 받아야 하는 이유를 몇 가지 알려주겠다.

계약에서 선금이 중요한 이유

첫째. 일부 광고주는 유튜버를 한 개인으로 가볍게 보는 시선으로 인해, 대금 지급을 소홀히 하는 경향이 있다. 유튜버는 하루하루 대금 지급만 기다리고 있는데 광고주는 유유자적이다. 기다리다 못해 연락하면 '까먹었다', '결제가 안 됐다.', '돈 떼먹냐' 등 다양한 반응이 튀어나온다. 이런 일련의 과정 또한 유튜버에게는 스트레스로 다가올 수 있다.

둘째. 100% 후금 거래일 경우 광고주에게 여러 단계에서 시달릴 확률이 높다. 최악의 경우 '기분 나빠서 이 유튜버와 일 못 하겠다.'라는 경우도 있다. 후금 거래를 악용

하는 일부 몰지각한 광고주는 분명 있으며 이들이 각 단계에서 횡포를 부리면 사실 유튜버를 보호할 수 있는 사실상의 안전장치가 없다. 계속 끌려가다가 겨우 완료되거나, 일방적 해약으로 빈손으로 끝나거나, 둘 중 하나다.

셋째. 프로세스 중 여러 단계에서 다양한 사유로 시달릴 수 있다. 견적서 송부한 뒤 '계약조건이 안 맞네요', 계약체결 후 '프로젝트가 보류됐어요', 여기까지는 그나마 괜찮다. 일의 성사를 위한 앞단 과정이라 여기에 투여되는 리소스는 당연할 수 있다. 그 뒤 기획안 제출 후 '저희와 콘셉트가 안 맞네요', 기획안 수정 후 '최종기획이 맘에 안 드신대요.', 촬영 후 '재촬영 해주세요', 편집 후 '퀄리티가 안 나와서 보류요', 릴리즈 후 완료를 앞두고 '회사 사정이 안 좋아져서요'…. 생각보다 많은 변수가 존재한다. 후금을 받아야 하는 유튜버 입장으로는 매 단계 불안할 수 있고, 광고주의 심기를 건드리면 안 된다는 강박에 시달릴 수도 있다.

그리고 여담이지만 아이러니하게도 이런 악행을 저지르는 광고주 회사의 실무자들은 다들 친절하고 착하다는 사실이다. 생각해보면 저들도 회사에서 월급 받는 일개 직원에 불과하다. 차라리 못되게 얘기하는 게 낫지, 본인도 힘이 없다는 식으로 얘기하면 정말 이러지도 못하고 참 난감하다.

그래서 광고주와의 1:1 브랜디드 비즈니스인 경우, 최소 10%의 착수금을 선금으로 받아서, 상대적 약자인 우리만의 안전장치를 마련해두어야 한다. 광고주가 업계 관례상 100% 후금이라서 안된다고 하면, 우리 유튜버 브랜디드 업계의 관례는 무조건 선금을 받는다고 대응하자. 알 길도 없고, 사실 그들도 우리 업계를 잘 모른다. 우리 개개인이 유튜버 비즈니스 생태계 일원으로써, 이러한 비즈니스 문화와 관례를 만드는 것이다. 선금은 최대 70% 선으로 받으면 베스트고, 30% 선이 적당하다.

한 푼도 못 주겠다고 뜻을 고수하는 광고주라면 빠르게 거르는 것이 좋다. 실제 많은 유튜버가 브랜디드 비즈니스 시 일부 착수금을 받고, 중소형 1인 미디어 프로덕션도 착수금을 평균 50%의 선금을 받는다. 또한, 중개 광고사도 광고주로부터 제작 선금을 받아 제작 완료까지 예치한다.

선금은 유튜버의 욕심이 아닌, 최소한의 거래 안전장치라는 것을 알아두기 바란다.

이제 속도를 올려서 빠르게 프로세스 단계별로 설명하겠다.

기획안 작성 및 확정

8~11단계는 기획안작성 – 기획 미팅 – 기획 수정·보완 – 기획확정이다. 우선 기획안작성 방법을 알려주겠다. 기획안은 보통 한글(HWP)로 작성하고, 엑셀, 워드, PPT 등 다양한 프로그램으로 작성한다. 항목은 제목, 제품명, 기획 의도, 영상형식, 영상구성을 기본으로 작성한다.

브랜디드콘텐츠 제작 기획안

구분	내용
제목	외국인 여성과의 소개팅 실험 '이 남자에게 끌리는 이유는??'
기업명/제품명	보로탈코 / 데오드란트
기획의도	국내 소취제(데오드란트) 시장은 아직 성숙단계에 들어서지 못했습니다. 의약외품처럼 느껴지는 이미지와 기능을 강조하는 마케팅 때문에 확장성을 갖지 못하고, 병적으로 땀과 냄새가 많은 사람들이 주 사용인인 측면이 있습니다. 저희가 제작할 영상은 유럽에서처럼 데오드란트가 에티켓을 위한 케어 제품이고, 은은한 매력을 발산하는 뷰티 제품이라는 점을 알리게 됩니다. 때마침 여름이라서 구독자들에게 향수보다 데오드란트가 더 필요하겠다는 인식을 주어 구매를 유도하고자 합니다. '호감을 사고 싶다면 데오드란트를 사~'
영상형식	실험카메라 형식, 인터뷰 형식 실험을 위해 준비된 작은 공간에서 린다(외국여성 대표)와 캐릭터가 다른 2명(한국남성 대표)의 남성이 소개팅을 갖는다. 1대1 형식으로 진행되는 소개팅이 끝나면 인터뷰를 통해서 린다가 호감을 갖는 남성 캐릭터를 알아본다. 린다는 캐릭터가 아닌 다른 무언가에 끌렸다고 답하게 되고, 남성의 인터뷰를 통해 이유가 '데오드란트'였다는 사실을 알게 된다.

1) 제목은 시청자의 흥미를 유발할 수 있는 유튜브 감성의 후킹성 제목으로 작성하며, 후보군을 2~3개 정도 두고 광고주가 선택하게끔 하는 것이 좋다.

2) 제품명은 브랜디드 콘텐츠 대상 제품명과 이미지를 삽입한다.

3) 기획 의도는 본 홍보영상의 목적, 취지, 목표 등이며, 시청자가 이 영상을 봐야 하는 이유와 당위성에 관해 작성하면 된다.

4) 영상형식에는 리뷰, 상황극, 브이로그, 인터뷰 등 영상의 형식을 입력하고, 전체 스토리를 요약해서 작성한다. 여기에 참고할만한 벤치마킹, 모티브, 유사영상의 URL을 입력하면 좋다.

5) 영상구성에는 씬 별, 컷 별 콘티와 스크립트 중심으로 작성하고, 촬영점과 편집점 등의 내용도 세부적으로 작성하는 편이 좋다.

기획안은 광고주와의 미팅과 수정·보완을 통해 크고 작게 다듬어지므로, 초안부터 너무 힘들일 필요는 없다. 러프하게 기획안 1~2개 준비해서 전달하면 된다.

이후 2차 격인 기획 미팅을 대면 또는 비대면으로 제시할 수도 있고, 미팅 없이 서면상 수정·보완이 오가며 완료할 수 있다. 나는 되도록 미팅이건 서면이건 광고주와 브레인스토밍을 통해 최적의 기획안을 도출하는 것을 추천한다. 이때 다수의 광고주가 부심 가득한 제품의 '소구점', '셀링 포인트'를 영상구성, 콘셉트, 흐름을 무시하고 다 넣어달라는 요청이 있을 수 있다. 실제로 거의 이러한 스탠스를 보인다. 이런 경우가 수용되는 것은 유튜버 브랜디드가 아니라 프로덕션 홍보영상 제작이라면 가능하다. 우리 유튜버는 어떻게 대응해야 할까?

약빤 병맛 광고 (미친PD)

우리는 브랜디드를 제작할 때 시청자, 광고주 양측의 눈치를 다 봐야 하는 운명의 유튜버이다. 소신과 수용 사이에서의 고민이 분명 생기기 마련이다. 소신을 따르자니 광고주의 니즈 반영이 미흡해지고, 수용하자니 내 유튜브 콘텐츠의 콘셉트, 톤앤매너가 흐트러져서 시청자들의 거부감이 커질 수도 있고, 참 난감하다. 베스트는 소신을 지키며 수용하는 것이다. 내가 생각하는 최적의 밸런스는 소신 3~4, 수용 6~7 정도의 비중으로 제작하는 것을 권한다. 소신껏 제작하는 비중이 높으면 광고주의 1차 적인 '영상' 콘텐츠 만족도가 낮을 수 있다. 물론 광고주는 영상이 릴리즈된 이후 조회 수, 댓글 등 시청자의 반응에 따라 만족도가 판단되지만, 릴리즈 이전에 본인들의 의견이 덜 반영된 영상에 아쉬움을 느낄 수 있기 때문이다. 반면, 수용 치가 높은 경우 시청자는 광고주 친화형 콘텐츠로 인식해서 부정적인 반응이 나타날 수 있다. 그래서 적당한 비율로 콘텐츠를 제작하고, 차후 브랜디드 반응이 미미할 경우, 수용의 비중이 높을수록 귀책으로부터 다소 자유로울 수 있다는 점도 알아두기 바란다.

이렇게 수정 보완된 최종 기획안을 서면상 이메일로 보내고, 실무자로부터 확인했다는 회신을 받는 것이 좋다. 이는 최종 승인의 이력이기 때문에, 회신 메일이 오면 잘 보관하자.

08 브랜디드 콘텐츠 제작과 리포트

광고주의 영상 콘텐츠 결과물 만족도 상승 전략

마지막 장이다. 이제 계약이 완료된 후, 브랜디드 촬영 - 편집 - 수정 보완 - 제작 완료 승인 - 콘텐츠 릴리즈 - 광고집행 - 프로젝트리포트로 마무리되는 단계까지 전부 설명하겠다.

브랜디드 콘텐츠 제작 유의사항

프로세스 12~13단계는 촬영이다. 촬영과 편집은 카테고리별, 형식별, 콘셉트별 등 다양한 방법과 사례가 있으므로, 가볍게 유의사항 정도만 말하겠다.

첫째. 촬영할 때 브랜디드 대상 상품 또는 서비스는 광고주로부터 무상 지원받는다. 소비되는 식품이나, 재판매가 어려운 중저가 제품, 서비스 이용권 등 대부분은 반납의 의무 또는 유튜버가 부담하는 조건이 없게끔 합의된다. 반면 고가 상품의 경우 재판매를 위해 반납의 의무를 갖기도 한다. 파손의 우려가 있는 경우 광고주의 입회하에 촬영하기도 한다.

둘째. 촬영장에 광고주가 참여하는 경우 원활한 촬영을 위해 정중히 사양하는 편이 좋다. 내가 지인 유튜버의 요청으로 '상황극(미니웹드라마타이즈) 콘텐츠'에 출연했던 적이 있다. 광고주가 유튜버와 출연자에게 간식을 전달해주겠다는 취지로 촬영장소를 방문했다. 물론 사전에 합의되지 않았고, 당일 오전에 불쑥 찾아온 것이다. 촬영 내내 온갖 간섭과 콘티 수정을 요구하며, 심지어는 출연자 연기 지도까지 하게 된다. 결국, 촬영 예상시간 3시간을 훌쩍 넘긴 7시간 만에 촬영은 종료되었다. 광고주의 사업장이나 쇼룸을 배경으로 하는 조건이 아닌, 자택이나 유튜버가 섭외한 장소에서 촬영한다면 광고주의 입회는 뜯어말리는 것을 추천한다.

이어 14~16단계는 편집이다. 영상을 편집하고 완성된 1차 완료분을 광고주에게 전달한다. 전달 시에는 반드시 워터마크가 삽입되어 있어야 한다. 전달 방식은 이메일 전달, 클라우드 공유가 있고, 유튜브 채널에 '일부 공개' 상태로 업로드한 뒤 URL을 공유하는 방법도 있다. 광고주는 영상을 확인한 뒤 특별한 이상이 없다면 승인하거나 수정 요청을 할 수 있다. 몇 가지 유의사항과 대응방법을 알려주겠다.

1) 보통의 계약상 합의되는 수정횟수는 2회다. 여기서 중요한 점은 횟수가 2회이며, 1회당 여러 개의 수정이 요구될 수 있다. 1회차 수정사항이 많더라도 최대한 맞춰서 해주는 것이 좋다.

2) 2회차 수정사항을 요청하는 것은 특이한 상황이 아니다. 1회차 수정을 통해 약간 아쉬운 점과 보완할 점에 의해 충분히 두 번째 수정 요청이 발생할 수 있다. 다만 2회차 수정의 양은 1회차보다 적을 것이다.

3) 회차당 수정 분량이 과도하게 많거나, 수정횟수를 초과하여 요구하는 경우 3가지 방안이 있다. 적정선 조율, 추가금 요청, 정중히 거절이며 '적정선 조율'이 가장 이상적인 방안이

다. 우선 수정작업 분량에 따른 추가금을 요구한다. 대부분 추가금에 내지 않으려는 반응을 보인다. 이로 인해 광고주는 본인들 스스로가 축소된 수정 분량을 내놓기도 한다. 이는 적정 선으로의 조율을 끌어내는 좋은 방법이다.

4) 계약에 위반되는 '재촬영'을 요구하는 경우라면, 계약 위반 사항이고 무리한 요구라는 것을 충분히 전달해야 한다. 그리고 우리가 기획 단계에서 작성하고 승인받은 '기획안'이 큰 힘을 발휘할 수 있다. 광고주가 원하는 기획을 최대한 반영했고, 승인된 기획안을 토대로 촬영, 편집했는데 뭐가 문제냐고 역으로 강하게 클레임을 제기해야 한다. 그래도 안하무인 자세로 재촬영을 요구한다면 단호하게 거절하면 된다. 이 경우 보통 광고주의 의지는 사그라지고 적당한 수정 요청 선에서 조율되는 것이 일반적이다. 만약 계약 파기 상황까지 가게 되는 경우 걱정하지 않아도 된다. 우리는 이미 착수금을 받았고 계약상 절차대로 제작을 수행했기 때문에 문제 될 것이 없기 때문이다. 또한, 착수금은 반환이 안 되고 유튜버가 들인 리소스에 대한 최소의 보상이 착수금이라 생각하면 된다. 광고주의 욕심으로 착수금도 날리고 영상도 못 받는 셈이 되므로, 광고주는 타협안을 내놓을 것이다. 우리가 프로세스에 녹여놓은 안전 장치가 가동되고, 선금은 우리를 보호하는 강력한 수단이 될 수 있다.

제작 완료 승인이 되었다면, 제작 잔금의 지급 여부를 확인한 뒤, 우리의 채널에 영상 콘텐츠를 릴리즈한다. 이때 영상을 올리기만 할지? 영상파일도 전달해야 할지? 고민될 거다. 사실 이 부분은 계약 단계에서 합의되어야 하는 사항이다. 국내 MCN 3사의 경우 2차 라이선스 정책을 시행 중이다. 즉 브랜디드 콘텐츠 제작 이후 해당 유튜브 채널에 릴리즈만 하는 것이 기본이며, 영상파일을 광고주가 받아서 활용하는 경우 2차 라이선스를 취득해야 한다는 내용이다.

2차 라이선스는 활용 채널, 범위, 기간 등의 조건이 붙으며, 원 제작비의 30%에서 50%까지의 추가금을 지급해야 한다. 실제 광고주가 인지하는 개념은 라이선스 자체를 모르는 경우가 많다. 설문조사를 통해 알아본 결과는 '브랜디드는 마케팅 차원으로써, 영상파일이 필요한 경우 추가금을 내야 한다'가 25%, '제작비에 포함된 것이라 당연히 받아야 한다'가 75%로 많았다. 영상 제공을 당연하게 생각하는 기업이 많은 것이다. 이 문제로 계약 단계에서 거래성사 여부에 있어 중대한 사안이 될 수 있으므로, 유튜버는 유연한 자세로 협의하는 것을 권한다.

브랜디드 제작 프로세스 18단계 광고집행은 선택적으로 하면 된다. 브랜디드에서 조회 수를 중요하게 생각하는 광고주도 있기에 기본 조회 수가 많이 저조할 경우 마중물 차원으로 광고를 집행하는 것도 좋은 방법이다. 브랜디드를 전문으로 하는 유튜버나 프로덕션 일부는 '조회 수 보장' 조건으로 제작하기도 한다. '영상만 잘 만들고 조회 수가 너무 안 나오면 어쩌지!' 고민하는 광고주에게 호감이 갈 수 있는 차별점이 될 수 있다. 내 유튜브 콘텐츠의 조회 수를 높이는 유료광고 툴은 구글애즈다. 광고는 크게 인스트림, 디스커버리를 주로 사용하며, 구글 드라이브와 함께 고객센터가 있는 몇 안 되는 툴이다. 초기 셋팅부터 효율에 따른 광고집행 방법까지 전화로 세세하게 알려주므로 활용해보기 바란다.

마지막 19단계는 프로젝트 리포트를 작성하고 광고주에게 전달하는 것이다. 다 끝난 마당에 리포트는 매우 귀찮은 일일 수 있다. 내가 제공하는 '프로젝트 결과 리포트'처럼 정성을 들여 작성할 수도 있고, 약식으로 영상 콘텐츠 URL, 조회 수, 댓글 수, 좋아요 수, 시청 지속시간, 시청 연령대 등의 항목으로 간단하게 작성해도 된다. 광고주가 얼마든지 채널을 찾아서 조회 수 등을 확인해볼 수 있지만, 리포트로 전달받는 경우 종료 후에도 콘텐츠 확산에 대해 유튜버가 신경 써주고 있다는 좋은 인상을 받게 되고, 이는 후속편 계약 또는 타 광고주 소개로 이어질 수 있다. 리포트는 선택이 아닌 필수로 작성하는 것을 추천한다.

이로써 브랜디드 콘텐츠 비즈니스 파트가 종료되었다. 진심을 담아 우리 유튜버의 건강한 비즈니스를 응원한다.

1판 1쇄 인쇄 2022년 9월 5일
1판 1쇄 발행 2022년 9월 15일

지 은 이   이종석
발 행 인   이미옥
발 행 처   디지털북스
정   가   20,000원
등 록 일   1999년 9월 3일
등록번호   220-90-18139
주   소   (03979) 서울 마포구 성미산로 23길 72 (연남동)
전화번호   (02) 447-3157~8
팩스번호   (02) 447-3159

ISBN 978-89-6088-410-6 (03320)
D-22-13

DIGITAL BOOKS
디지털북스

저자협의
인지생략